Geh'n wir raus?

Charlotte Hedeman Guéniau

Geh'n wir raus?

Style und Design für Balkon,
Terrasse und Garten

Aus dem Englischen übersetzt
von Wiebke Krabbe

Deutsche Verlags-Anstalt

rice
people care · we care

Aus dem Englischen übersetzt von Wiebke Krabbe

1. Auflage
Copyright © der deutschsprachigen Ausgabe 2015
Deutsche Verlags-Anstalt, München,
in der Verlagsgruppe Random House GmbH

Titel der englischen Originalausgabe:
Happy Home Outside. Everyday magic for outdoor life
Copyright Text: © 2015 Charlotte Hedeman Guéniau
Fotografie, Design und Layout: © 2015 Jacqui Small LLP
Jacqui Small LLP, an imprint of Aurum Press Ltd
74–77 White Lion Street
London N1 9PF
Großbritannien
www.jaquismallpub.com
Alle Rechte vorbehalten

Verlegerin: Jacqui Small
Lektorat: Jo Copestick, Eszter Karpati, Sian Parkhouse
Grafische Gestaltung und Herstellung:
Sarah Rock, Maeve Healy

Umschlaggestaltung der deutschen Ausgabe:
Sofarobotnik, Augsburg & München
Satz der deutschen Ausgabe:
Boer Verlagsservice, Grafrath
Produktion der deutschen Ausgabe:
Monika Pitterle/DVA
Printed in China
ISBN 978-3-421-04009-1
www.dva.de

INHALT

Vorwort

Dieses Vorwort schreibe ich während eines einwöchigen Urlaubs auf der Insel Mauritius vor der afrikanischen Küste. Hier spüre ich, wie gern ich im Freien bin. Ich lasse mir beim Radeln durch Zuckerrohrplantagen den Wind durch die Haare wehen, die Sonne scheint mir auf den Kopf, und nach Sonnenuntergang klappert Besteck, wenn sich die Menschen zum gemeinsamen Essen und Plaudern zusammensetzen. Die Hintergrundmusik bilden der kühle Abendwind, das leise Rauschen der Palmen und das Plätschern des Meers. Darin liegt für mich die Quintessenz des Lebens im Freien: Es schärft die Sinne und lässt uns die stillen Momente wertschätzen.

Beim Gestalten meiner Wohnung gebe ich jedem Raum einen individuellen Charakter. Natürlich gibt es oft eine Art roten Faden, der sich durch alle Räume zieht, aber ich achte darauf, dass jeder dabei seine eigene Identität, Funktion und Atmosphäre behält. Dasselbe gilt für Wohnbereiche im Freien, aber meiner Meinung nach sind sie mehr als nur Erweiterungen des Hauses. Sie bieten uns die Möglichkeit, uns selbst und unsere nächsten Mitmenschen besser wahrzunehmen und für ein Weilchen aus dem hektischen Tempo des Alltags auszusteigen. Im Freien sind wir eher bereit, einmal innezuhalten und uns auf ursprüngliche Erfahrungen und die einfachen Dinge des Lebens einzulassen.

Wir wissen doch alle, wie wohltuend solche Erlebnisse sind. Als Teenager habe ich in den Sommerferien oft eine Woche bei meiner Großmutter verbracht, die in einem Häuschen mit Strohdach auf dem Land wohnte. Ich habe ihr gern in ihrem Bauerngarten geholfen. Das waren wertvolle Momente, an die wir uns beide sehr gern erinnern.

Warum erzähle ich diese persönliche Geschichte? Weil diese Erlebnisse im Freien meiner Großmutter und mir so gutgetan haben. Und ich bin überzeugt, dass jeder ähnliche Momente genießen kann, wenn er sich mit seinem persönlichen Außenbereich etwas Mühe gibt – ganz gleich, ob es ein kleiner Stadtbalkon oder ein großer Garten auf dem Land ist.

Als ich unter einer Palme ein traditionelles einheimisches Gericht aus einem bunten Flechtkorb aß (sehr ähnlich übrigens denen, die RICE im Angebot hat), wurde mir klar, in welchem Maß Charlotte und ihr Team den Menschen helfen, das Leben an der frischen Luft zu genießen – am besten mit lieben Menschen, mit denen man später die Erinnerungen an diese Momente teilen kann. Genießen Sie dieses bezaubernde Buch, in dem Charlotte die Magie des Freiluftlebens auf den Punkt bringt. Wir sehen uns draußen!

Will Taylor
von Bright Bazaar
www.brightbazaarblog.com

Gegenüber So eine kunterbunte, farbenfrohe Gartenküche ist wie geschaffen für größere Familienrunden oder fröhliche Feste.

Draußen leben

Zwei Jahre sind ins Land gegangen, seitdem ich mein erstes Buch *Funky Home* geschrieben habe. Es hat mir viel Spaß gemacht, mit dem Buch auf Tour zu gehen, Kunden und deren Kunden kennenzulernen und mich mit netten Menschen zu unterhalten, die wie ich überzeugt sind, dass schöne Farben einen rundum positiven Einfluss auf Stimmung und Emotionen haben. Nun ist es an der Zeit, die Alltagsmagie einen Schritt weiter zu führen und mich mit dem Leben an der frischen Luft zu beschäftigen.

Ich finde es sehr inspirierend, wenn ich von farbenfrohen, hübschen Dingen umgeben bin. Natürlich können Sie einwenden, dass es im Leben wichtigere Dinge gibt als bunte Accessoires und Dekorationsideen, aber auch die kleinen Dinge haben ihren Wert. Warum auch nicht? Wenn Sie mit Kleinigkeiten, die Ihnen wichtig sind, ein bisschen Magie in den Alltag bringen und Ihre Mitmenschen zum Lächeln, dann lohnt es sich. Ich versuche, Optimismus zu verbreiten und zu helfen, wo ich kann – im Großen wie im Kleinen. Erinnern Sie sich noch an die Zeit, als Sie eine Höhle unter dem Esstisch gebaut haben? Und wie gemütlich es in dieser kleinen, eigenen Welt war, versteckt unter einer großen Decke, mit einem Berg Kissen und vielleicht ein paar Keksen und einem spannenden Buch? An dieses Gefühl möchte ich anknüpfen, wenn ich Sonnensegel aufspanne, zelten gehe oder den Rucksack für eine Wandertour packe.

Ich freue mich, auch in diesem Buch Projekte zum Nachmachen vorzustellen – einfache, praktische Ideen und Tipps, wie Sie mit wenig Aufwand Spaß und Farbe in den Alltag bringen können. Diesem Ziel haben wir uns auch bei RICE verschrieben. Unser Motto ist LEBEN LIEBEN LACHEN. Mir tut es unglaublich gut, mich mit Freunden zu treffen und gemeinsam zu leben und zu lachen. Aber ich finde immer öfter, dass leckeres Essen und ein Drink nicht genug sind. Verstehen Sie mich nicht falsch! Ich liebe es, mit Freunden zu essen und zu feiern, aber manchmal darf es einfach etwas mehr sein. Darum möchte ich Sie mit diesem Buch auch anregen, andere Dinge gemeinsam zu tun – vielleicht Marmelade oder Chutney kochen, backen, einen Leseclub gründen oder gemeinsam Sport treiben. Natürlich auch gemeinsam essen und trinken, aber eben nicht nur das.

Ich wünsche Ihnen viel Vergnügen und jede Menge Glück,
drinnen wie draußen.

Charlotte

Gegenüber Manchmal begeistern mich knallige Farben, manchmal sprechen mich eher Pastellfarben und sanfte Töne an. Wann und warum das geschieht, kann ich nicht genau sagen – es ist einfach Gefühlssache. Ich bin mir sicher, dass es eine psychologische Erklärung dafür gibt.

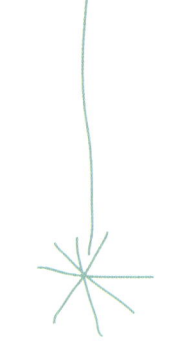

TÜREN AUF!

Tief durchatmen! Ein bisschen frische Luft tut dem Gehirn und dem Gemütszustand richtig gut. Nutzen Sie jede Gelegenheit, ins Freie zu gehen. »Energie fließt dahin, wo die Aufmerksamkeit ist« ... daran ist viel Wahres. Wenn Sie also Ihren Außenbereich regelmäßig und spontan nutzen möchten, richten Sie ihn so ein, dass er wie eine natürliche Erweiterung des Innenbereichs wirkt.

Vorige Seiten Auf diesem Balkon kann man sich wohlfühlen. Schöne Sitzmöbel aus Holz, viele bequeme Kissen und kühle Getränke ... so muss Sommer sein.

Gegenüber Es ist eine gute Idee, den Durchgang zum Außenbereich praktisch zu gestalten, vielleicht mit einem Kunststoffteppich und einer großen Fußmatte. So können die Kinder hin und her laufen, ohne allzu viel Gras und Schmutz ins Haus zu tragen.

Unkompliziertes Wohnen – drinnen wie draußen – ist mir sehr wichtig. Ich bin gern an der frischen Luft, auch wenn die Sonne nicht vom blauen Himmel strahlt. Und um es schön gemütlich zu haben, umgebe ich mich mit fröhlich bunten Accessoires. Wer Balkon oder Terrasse jederzeit spontan nutzen möchte, braucht praktische und unkomplizierte Lösungen, damit sich alles Nötige schnell und leicht nach draußen bringen lässt. Wenn Sie auch an kühleren Tagen gern ins Freie gehen möchten, muss das ohne großen Aufwand möglich sein, denn sonst überlegen Sie es sich womöglich anders.

Gerade in einem Land, in dem die Sonne kein so zuverlässiger Gefährte ist, muss es möglich sein, alles

Oben Ein Terrassenteppich aus Kunststoff sieht gut aus und braucht auch bei Regenwetter nicht ins Haus geholt werden. Er fühlt sich unter den Füßen angenehm an und ist in Kombination mit knalligem Pink ein Fest für die Augen.

Links und ganz links Blumen und Licht sind ein schönes Paar. Aber nicht übertreiben, zwei oder drei Blüten genügen schon, vor allem wenn sie in einer kontrastfarbigen Vase stehen.

Rechts Feste Regeln und Patentrezepte gibt es nicht – alles ist erlaubt. Kombinieren Sie nach Lust und Laune Blumenmuster, Karos und Stickerei, auch wenn nicht alles perfekt zusammenpasst. Probieren Sie herum, bis Sie eine Kombination finden, die Ihnen gefällt.

Notwendige mit wenigen Handgriffen ins Freie zu bringen, wenn das Wetter es erlaubt. Ich liege sogar im Herbst gern draußen und lese. Im Sommer lade ich häufig zu Gartenfesten ein, denn ich finde, bei Partys im Freien geht es meistens viel entspannter zu als bei Feiern im Haus.

Wir Dänen sind sonnenhungrig und geradezu versessen darauf, jede kostbare Sonnenstunde zu nutzen. In anderen Ländern sucht man vielleicht eher Schatten und angenehm kühle Ecken. Entscheiden Sie selbst, was Sie sich wünschen, und stellen Sie die Weichen dafür, dass diese Wünsche leicht zu erfüllen sind. Brauchen Sie ein Sonnensegel oder einen

Unten Immer hereinspaziert ... Fußmatten und Läufer in ähnlichen Farbtönen schlagen eine Brücke zwischen Innenraum und Außenbereich.

Rechts Richten Sie sich auf dem Balkon eine gemütliche Ecke ein. Rollen Sie den Servierwagen nach draußen und gönnen Sie sich eine Pause mit einer Tasse Tee und einem Buch.

Oben Ein paar dicke Kissen, eine Wolldecke und ein windgeschützter Winkel in der Sonne: Wer so einen Platz hat, kann sich schon an den ersten schönen Frühlingstagen ins Freie setzen.

Gegenüber Eine Klappliege und ein kleines Sonnensegel aus zusammengeknoteten Tüchern: So ein einfacher Ruheplatz lässt sich leicht und schnell umstellen, wenn sich der Sonnenstand verändert.

Regenschutz? Oder vielleicht warme Decken gegen kühlen Wind?

Packen Sie die Gestaltung des Außenbereichs genauso an wie die Einrichtung eines Raums. Der Balkon auf diesen Fotos sieht fast wie eine Erweiterung des Wohnzimmers aus. Das liegt daran, dass beide Bereiche in einem relativ einheitlichen Stil gestaltet sind. Wenn Sie gern Ihren Drink in der Sonne genießen, Freunde sich aber lieber in den Schatten zurückziehen, können sie das tun, ohne von den anderen Anwesenden abgeschnitten zu sein. Versuchen Sie, den Übergang zwischen Innenraum und Außenbereich in visueller und praktischer Hinsicht so fließend wie möglich zu gestalten, dann ist die Grenze kaum zu spüren und jeder findet seinen Platz.

Links Einen Tisch für zwei bitte, und wenn es geht, mit Blick auf den Eiffelturm. Mit etwas Fantasie ist eine Menge möglich.

Rechts Manchmal stelle ich einfach die Stühle aus dem Esszimmer nach draußen. Ich finde, nur wenn man bequem sitzt, kann man wirklich gut entspannen.

GEMÜTLICHE ECKEN ... SCHAFFEN SIE PLATZ, UM MIT FREUNDEN ZUSAMMEN-ZUSITZEN, ABER AUCH FÜR RUHIGE MOMENTE, DIE SIE ALLEIN GENIESSEN.

SCHNUR-VORHÄNGE

*Dinge, die mir gefallen, sind nicht nur **bunt** und **lustig**. Sie müssen auch **zweckmäßig** sein. Diese Vorhänge sehen interessant aus und bilden eine dezente Abgrenzung, aber im Gegensatz zu einer Tür keine Barriere. Außerdem halten sie Insekten draußen. Vorhänge aus Schnüren haben einen besonderen **Reiz**. Ich weiß nicht warum, aber ich mag das Gefühl, hindurchzugehen. Unseren eigenen haben wir aus schönen **Bändern** selbst gebastelt und mit bunten Trinkhalmen und Plastiklöffeln verziert. Modelle aus **Juteschnur**, Plastikperlen oder Wachstuchstreifen gibt es fertig zu kaufen.*

LÖFFEL-VORHANG

Der bunte Vorhang sieht im Sommer lustig aus und ist ganz leicht zu basteln. Lassen Sie die Kinder helfen!

Sie brauchen

* ✳ einen Bambusstab
* ✳ Bänder, Schnüre oder Spitze
* ✳ 2 Nägel oder Haken
* ✳ Perlen
* ✳ Trinkhalme
* ✳ bunte Plastiklöffel

So wird es gemacht

Den Bambusstab so absägen, dass er etwas breiter als der Türrahmen ist. An jedes Ende ein Band knoten und den Stab damit an zwei Nägeln aufhängen, die über der Tür eingeschlagen sind. So zu starten ist am einfachsten, da Sie auf diese Weise die Kontrolle über das Gesamtbild haben. Jetzt Schnüre, Bänder oder Spitzen anknoten. Dazu können Sie auf eine Stehleiter steigen. Denken Sie beim Zuschneiden daran, etwas für die Knoten zuzugeben. Auf einige der Schnüre können Sie Perlen und Trinkhalme fädeln, an anderen werden Löffel festgeknotet. Achten Sie darauf, die Farben schön gleichmäßig zu verteilen.

SOMMERZIMMER

Ich finde es herrlich, im Sommer unter freiem Himmel ein Zimmer herzurichten. Die meisten Menschen, die ich kenne, verbringen so viel Zeit wie möglich draußen, und sie sind überzeugt, dass im Freien alles besser schmeckt, hübscher aussieht und sich schöner anfühlt. Es ist unglaublich, wie ein bisschen frische Luft und ein paar Sonnenstrahlen die Stimmung aufhellen können. Stimmen Sie Ihr Sommerzimmer ganz auf Ihren Stil ab, dann wird es fast von selbst wie eine natürliche Erweiterung Ihrer Wohnung wirken.

Bequeme Sitzmöbel sind ein Muss. Gerade im Freien haben wir es gern gemütlich, und das gelingt leicht mit Textilien: Quilts, Kissen, Decken, Polsterrollen – was immer Sie wollen.

Gegenüber und links
Schnörkellos und doch auf klassische Weise farbenfroh. Viele Farben werden aufgewertet, wenn man sie mit Schwarz und Weiß kombiniert.

Oben Gewinnen Sie Lebensraum, indem Sie einfach die Tür öffnen und in Ihr herrliches Sommerzimmer im Grünen gehen – perfekt ausgestattet mit Läufern und weichen Sitzgelegenheiten in ähnlichen Farben wie in der Wohnung.

Ein Dach, und sei es aus Stoff, hat seine Vorteile. Es spendet in der Mittagshitze Schatten, schützt aber auch vor Regen. Sie können also die Kissen und Decken ruhig einmal über Nacht draußen lassen, ohne vorher den Wetterbericht zu hören.

Wenn Sie weder Markise noch Sonnensegel haben, schaffen Sie sich große Körbe oder Kästen an, um Auflagen zu verstauen. Es ist etwas lästig, ständig alles hin und her zu tragen, und kann sogar dazu führen, dass Sie weniger Zeit im Freien verbringen, weil damit so viel Aufwand verbunden ist. Seien wir ehrlich: Für eine Stunde in der Sonne will niemand große Umstände in Kauf nehmen. Im Idealfall geht man ebenso unkompliziert auf die Terrasse oder den Balkon wie ins Nachbarzimmer. Denken Sie auch an Kleinigkeiten wie Windlichter und Blumen, damit der Außenbereich wirklich so schön und behaglich wie ein Zimmer wird.

Links und oben Ein Tisch, ein Korbsessel, ein paar Paletten und jede Menge Decken und Kissen – fertig ist das gemütliche Freiluft wohnzimmer. Stellen Sie alles Wichtige in Griffweite, damit Sie nicht immerzu ins Haus laufen müssen.

Nach unserm Umzug nach Dänemark haben wir zuerst auf dem Land gewohnt. Ich hatte den romantischen Traum, einen Nutzgarten anzulegen, weitgehend auf Selbstversorgung zu setzen und jeden Abend in der Sonne mit meinen Kindern ernten zu gehen. Es gab ein paar fotogene Momente, als sie Mohrrüben und Rote Bete aufzogen und begeistert jubelten, und ich muss zugeben, dass sie ihr Gemüse immer restlos aufgegessen haben.

Aber dann fuhren wir in Urlaub, und nach der Rückkehr war alles eingegangen. Ich versuchte es noch zwei Jahre lang mit dem gleichen Ergebnis und akzeptierte dann, dass ich vielleicht später im Leben Zeit haben werde, einen Garten regelmäßig zu bewässern. Meine ehrgeizigen Gemüse-träume habe ich aufgegeben, aber ich ernte noch immer gern. Für Menschen wie mich ist ein Kräutergarten die beste Lösung. Dafür braucht man nur einen kleinen Tisch und ein paar Töpfe und Kübel, und es ist ungemein befriedigend, etwas Leckeres zum Abendessen zu ernten – selbst wenn es nur eine Handvoll Kräuter ist. Und weil frische Kräuter so toll schmecken, lohnt es sich, eine schöne Auswahl verschiedener Sorten zu pflanzen.

Links Die Schere binden Sie am besten am Tisch fest, damit sie zum Ern-ten immer zur Hand ist. Nur was leicht greifbar ist, wird auch oft be-nutzt. Zu viele Kräuter kann man eigentlich gar nicht haben.

Gegenüber Kombinie-ren Sie Töpfe und Kübel nach Lust und Laune. Wichtig sind verschie-dene Größen, denn man-che Kräuter brauchen mehr Platz als andere. Das Gießen dürfen Sie nicht vergessen.

BEPFLANZTE KÜBEL

Mit bunten Pflanzkübeln lässt sich allerlei machen. Manche Materialien halten im Freien nicht sonderlich lange. Ich benutze trotzdem gern bunte **Körbe**, denn es stört mich nicht, dass sie nicht für die Ewigkeit geschaffen sind. Ich kombiniere auch gern Materialien wie **Metall**, Rattan, **Kunststoff und Keramik**, selbstverständlich am liebsten in bunten Farben. **Bambus** eignet sich für grüne **Raumteiler**. Da er wuchert, pflanzt man ihn am besten in Körbe oder Kübel. Wir haben Löcher in die Böden unserer Körbe geschnitten, damit die Wurzeln in die Erde vordringen können. Das reduziert die Gießarbeit, und der Bambus breitet sich trotzdem nicht unkontrolliert aus.

FÜR DIE BEPFLANZUNG GIBT ES KEINE FESTEN REGELN. KÖRBE UND KÜBEL AUS VERSCHIEDENEN MATERIALIEN SEHEN FRÖHLICH AUS.

ALLES, WAS HOHL IST, KANN EIN PFLANZ-KÜBEL WERDEN ...

BLUMENTÖPFE

Wir haben eine Schwäche für Tonblumen-töpfe. Sie lassen sich so leicht verzieren, und danach fühlt man sich wie eine talentierte Heimwerkerin.

Sie brauchen

* alte Tonblumentöpfe
* Acrylfarbe oder Farbreste
* Bänder / Schnüre / Stoff zum Verzieren

So wird es gemacht

Malen Sie einfache Streifen oder Bor-düren um den oberen Topfrand. Mit ein paar Details in Gold sehen sie noch eleganter aus. Nach dem Trocknen ein hübsches Band um den Topf binden. Wir haben lösemittelfreie Bastelfarbe und Reste von Holz- und Metallfarben verwendet.

BLUMENKÄSTEN

Aus alten Holzkisten können tolle Pflanz-kästen werden. Arbeiten Sie nicht zu akkurat, damit sie nicht wie gekauft aussehen.

Sie brauchen

* Holzkisten
* alte Tischbeine
* Schrauben
* Farbe

So wird es gemacht

Die Tischbeine durch den Kistenboden hindurch festschrauben. Einige Kisten werden ganz gestrichen, bei anderen nur die Beine. Wenn Sie ein besonders schönes Exemplar auftreiben, veredeln Sie es mit etwas Goldfarbe.

SELBST GEMACHT

FLIEGENDER WECHSEL

Legen Sie alles, was Sie für Balkon oder Terrasse brauchen, in einem großen Korb bereit, damit Sie jederzeit ganz spontan an die Luft gehen können. Wenn das Wetter umschlägt oder Sie wieder ins Haus gehen wollen, ist alles ebenso schnell zusammengeräumt. Am besten stellen Sie den Korb drinnen gleich neben die Terrassentür. Das ist praktisch und sieht aufgeräumt aus.

Manchmal möchte man einen sonnigen Moment nutzen – und der kann schon vorbei sein, wenn man erst alle Requisiten für die private Oase zusammentragen muss. In den Korb gehören einige Decken und Kissen in verschiedenen Formen und Größen. Bodenmatten halten Schmutz oder Gras draußen. Sie könnten auch eine schöne Tischdecke einpacken, und dazu ein paar Wäscheklammern, damit sie nicht wegweht. Stellen Sie eine Blumenvase oder Kerzen und Windlichter griffbereit, denn auch dekorative Kleinigkeiten sind wichtig, um es sich draußen richtig schön zu machen.

Gegenüber Die Verbindung stimmt, wenn Stil und Komfort draußen genauso wichtig genommen werden wie drinnen.

Rechts Ein großer Korb mit Kissen und Decken steht bereit, um einen sonnigen Moment zu nutzen. Und selbst wenn der noch auf sich warten lässt, sieht er ansprechend und gemütlich aus.

Oben und rechts Eine hübsche Tischdecke wertet den einfachsten Tisch auf. Fixiert man sie mit ein paar bunten Wäscheklammern, können ihr auch heftigere Windböen nichts anhaben.

KOMMEN SIE MIT ... FRISCHE LUFT MACHT GUTE LAUNE. PASTELLFARBEN WIRKEN ELEGANTER UND WENIGER ROMANTISCH, WENN MAN IHNEN ETWAS SCHWARZ-WEISS ZUR SEITE STELLT.

GRILLPARTY

Kaum etwas verbreitet so eine entspannte Stimmung wie eine gute alte Grillparty. Große Vorbereitungen sind nicht nötig, bis appetitliche Gerüche durch die Luft ziehen. So riecht Sommer! Beim Grillen müssen sich nicht alle manierlich an den Tisch setzen und gleichzeitig essen. Die Kinder können im Garten toben und sich ein Würstchen oder ein Stück Grillfleisch schnappen, wenn sie Hunger haben. Bitten Sie die Gäste, Salate, Brot und andere Beilagen mitzubringen, dann brauchen Sie nur Grillgut und Getränke einkaufen. Natürlich können Sie auch Salate und Beilagen übernehmen – dann müssen die Gäste etwas für den Grill mitbringen. Soll sich ein Grillmeister den ganzen Abend lang um den Grill kümmern oder soll jeder sein eigenes Fleisch wenden? Beides ist möglich. Schließlich ist ein Grillabend keine Veranstaltung, bei der es auf Form und Etikette ankommt. Es geht doch darum, entspannte Stunden in vergnügter Gesellschaft zu verbringen. Nette Leute, gutes Essen, tolle Getränke – das ist das Erfolgsrezept.

Gegenüber Was nicht so attraktiv aussieht, verschwindet in einem praktischen Versteck. Die Gasflasche für den Grill passt in einen bunten Korb.

Unten links und rechts Es darf geschnippelt werden. Wenn kein Wasserhahn in der Nähe ist, stellen Sie eine Schüssel oder einen Eimer mit Wasser bereit, damit Sie nicht so viel laufen müssen.

Rechts Ein kleiner Tisch, ein Grill, und fertig ist die Gartenküche. Denken Sie daran: Grillen ist nicht nur ein Sommervergnügen. Auch an einem verschneiten Wintertag schmeckt es draußen!

SITZMÖBEL

Mixen Sie Möbel aus verschiedenen Materialien, und sorgen Sie für reichlich **Kissen**. *Bambusmöbel haben trendigen* **Retro-Charme**, *nehmen es aber übel, wenn sie zu oft im Regen stehen. Mich stören Witterungsspuren nicht, aber wer sie hässlich findet, sollte sich für* **pulverbeschichtetes Metall** *oder Kunststoff entscheiden. Legen Sie Kissen und Decken darauf, damit Sie bequem sitzen und die nackten Beine im Sommer keinen Schaden nehmen.*

GARTENMÖBEL GIBT ES IN VIELEN VERSCHIEDENEN STILRICHTUNGEN. SIE HABEN DIE WAHL.

PALETTEN ANSTREICHEN, EINE MATRATZE UND
EIN PAAR DICKE, WEICHE KISSEN DARAUFLEGEN –
FERTIG IST DAS GARTENSOFA.

KISSEN UND DECKEN

Ich habe eine ausgemachte Schwäche für Kissen und Decken aller Art. Man kann gar nicht genug davon haben: Handbestickte einfach wegen ihrer Schönheit, dicke Bodenkissen für überraschenden Besuch, Häkeldecken gegen kühle Abendluft und quadratische Kissen in knalligen Farben für die besonders verwegenen Tage. Sitzkissen kann man übrigens auch als Rückenpolster an die Lehne einer Bank binden.

AUF EINEM SCHAFFELL SITZT MAN WUNDERBAR WEICH, UND ES IST PERFEKT FÜR DIE ERSTEN FRÜHLINGSTAGE, WENN DIE LUFT NOCH ETWAS KALT IST.

GESCHIRRTUCH-KISSEN

Wenn Sie kein Tuch mit Pomponborte finden, nähen Sie sie einfach nachträglich an.

Sie brauchen
* ein Geschirrtuch
* Stoffreste, eventuell Stickerei
* Inlett in der Größe des Bezugs
* Pomponborte, wenn Sie möchten
* Reißverschluss (es geht auch ohne)

So wird es gemacht
Ein hübsches Geschirrtuch zur Hälfte falten. Auf die Vorderseite hübsche Stoffreste oder Stickerei aufnähen. Dann die Seitennähte schließen und das Inlett in den Bezug schieben. Die letzte Naht schließen oder einen Reißverschluss einsetzen.

Links Treiben Sie es bunt! Nähen Sie Kissen und Decken in vielen knalligen Farben, applizieren Sie witzige Schriftzüge und mixen Sie nach Herzenslust.

Gegenüber Spendieren Sie der alten Gartencouch ein frisches Sommerkleid. Ein paar bunte Decken und Kissen, und schon sieht sie aus wie neu.

BUNTE KISSEN MIT AUFSCHRIFTEN WIE »PEACE« ODER »KISS« MACHEN GUTE LAUNE.

DACH ÜBER DEM KOPF

Wintergärten, Gartenlauben, Gewächshäuser und Schuppen haben es mir schon immer angetan. Vielleicht erinnern diese kleinen, gemütlichen Räume mich an die Kinderzeit, als ich eine Wolldecke über den Tisch drapierte und mich in eine Fantasiewelt verkroch. Ein kleines Gartenhaus, das nur in der warmen Jahreszeit benutzt wird, kommt ohne Heizung aus, ist aber unglaublich attraktiv und kann ziemlich romantisch sein.

Vorige Seiten Räume oder Gebäude, die nur zu speziellen Gelegenheiten oder in bestimmten Jahreszeiten benutzt werden, haben eine gewisse Exklusivität, die auch unsere Wahrnehmung beeinflusst. Wir sind aufmerksamer und genießen sie bewusster. Vielleicht mag ich sie darum so gern.

Gegenüber Das zarte Grün dieses kleinen Gartenhäuschens strahlt eine geradezu poetische Ruhe aus. Es erinnert an den gustavianischen Stil und passt perfekt in den skandinavischen Sommer.

Gestalten Sie das Innere eines Gartenhäuschens am besten dezent und in zarten, ruhigen Farben. Ziehen Sie sich mit einem Buch und einer Tasse Tee zurück. Wer weiß, vielleicht kommt später eine Freundin vorbei.

BITTE EINTRETEN

In dieses zauberhafte Refugium kann man sich bei jedem Wetter zurückziehen. An sonnigen Tagen bleiben die Türen weit offen und die Sonne darf hereinscheinen. Wenn es kühler ist, sitzt man darin trotzdem inmitten der Natur, ist aber vor Wind und Wetter geschützt. In so ein Häuschen passen am besten elegante Möbel mit schönen Formen. Die Einladung zum Eintreten sollte schon am Fuß der Treppe beginnen, vielleicht mit Kübeln voller Grünpflanzen und bunten Sommerblumen. So ein Gartenhäuschen ist ein herrlicher Ort, um sich mit einem Buch zurückzuziehen oder vielleicht mit dem Laptop ein bisschen zu surfen. Wer geselliger ist, lädt eine Freundin ein, um gemeinsam über Gott und die Welt zu plaudern.

Größe ist nicht alles. Dieses kleine Gartenhaus ist mit einem Bett und einer kleinen Küche ausgestattet. Bei Bedarf kann es als Gästezimmer genutzt werden.

WENN MAN DIESES NIEDLICHE GARTENHAUS BETRITT, FÜHLT MAN SICH WIE IN EINEM BILDERBUCH ODER EINEM KINDERTRAUM.

Links Gestalten Sie den Eingang einladend. Dieses Gewächshaus wurde auf einer Holzterrasse aufgebaut und ist darum vor Kälte und Bodenfeuchtigkeit gut geschützt.

Unten Eine alte Bank mit einer Truhe unter der Sitzfläche ist praktisch, um Spiele und Karten zu verstauen. Sie werden feststellen, dass viel öfter spontan gespielt wird, wenn solche Dinge griffbereit sind.

Gegenüber Zusätzliche Kissen und Decken liegen in einer großen Korbtruhe, wo die Sonne sie nicht ausbleichen kann. Wenn Decken zur Hand sind, können Sie es sich auch an kühlen Herbsttagen gemütlich machen: einfach einwickeln und genießen.

KURZURLAUB IM GEWÄCHSHAUS

Auch ein kleines Gewächshaus kann als Wohnraum im Freien genutzt werden. Besonderen Charme hat die Idee in Ländern, in denen nicht immer sonniges Wetter herrscht. Mit so einem Glashaus, in dem man sich fast wie im Freien fühlt, lässt sich die Freiluftsaison ein gutes Stück verlängern. Für die Einrichtung empfehlen sich typische Gartenmöbel, die robust sind und nicht viel Pflege brauchen. Wenn Sie noch Brett- oder Kartenspiele, Papier, Stifte und vielleicht Bastelmaterialien bereitlegen, steht gemeinsamen, vergnügten Stunden mit der ganzen Familie nichts im Wege. Es tut dem Familiengefühl ausgesprochen gut, gelegentlich ein Weilchen gemeinsam auf engen Raum zu verbringen – wie beim Zelten. Dabei stellt sich auf ganz unkomplizierte, entspannte Weise Nähe ein. Versuchen Sie einmal, sich an die Sommer Ihrer Jugend zu erinnern, in denen Sie endlos Zeit hatten und sich in einem Spiel verlieren konnten.

LADEN SIE IM GEWÄCHSHAUS KEINE GARTENWERKZEUGE AB. RÄUMEN SIE ES MIT DER GLEICHEN SORGFALT AUF WIE DIE ZIMMER IM HAUS, DAMIT ES JEDERZEIT SCHÖN WOHNLICH IST.

Rechts und unten Eine meiner Freundinnen hat neu gebaut und auf dem Grundstück ein schönes Gewächshaus errichten lassen. Sie nutzt es als Büro und Esszimmer, sogar im Herbst und Winter.

EIN PAAR SONNEN-
STRAHLEN GENÜGEN
SCHON, UM DAS
GEWÄCHSHAUS
ANGENEHM ZU ER-
WÄRMEN – AUCH
BEI KÜHLEM WIND.

BEMALTE FLASCHEN

Mir gefällt die Form alter Flaschen mit Schnappverschluss so gut. Am liebsten stelle ich einzelne Blumen hinein.

Sie brauchen
* klare Glasflaschen
* Bastel- oder Glasmalfarbe – auch in Gold

So wird es gemacht
Malen Sie einfache Bordüren, Wörter, Früchte oder Blütenknospen auf die Flaschen. Details in Gold lassen das Muster edler aussehen.

DRAUSSEN KOCHEN

Eine Außenküche ist eine tolle Sache. Sie muss gar nicht aufwendig sein. Ein einfaches Dach, das an die Garage oder die Hauswand angebaut wird, genügt schon. Wenn man ein Dach über dem Kopf hat, kann man im Sommer alle Mahlzeiten draußen einnehmen. Mehr als eine elektrische Kochplatte oder ein Grill sind nicht unbedingt nötig. Sie sollten aber Geschirr und Besteck in der Nähe aufbewahren, damit Sie nicht so oft ins Haus laufen müssen. Stellen Sie auch ein paar Töpfe und Pfannen bereit. Das erste Abendessen des Sommers ist jedes Jahr ein besonderes Ereignis, an das man sich auch noch im Winter gern erinnert. In einem Jahr haben wir einen großen Pavillon auf der Terrasse aufgestellt und so viel Zeit im Freien verbracht, dass wir alle in Ferienlaune kamen. Selbst bei Regen haben wir Karten- oder Brettspiele gespielt.

Vorige Seiten Wenn der Außenbereich ein Dach über dem Kopf hat, kann er bei jedem Wetter benutzt werden. Kaffee oder Pfannkuchen schmecken besonders gut, wenn der Regen aufs Dach trommelt.

Links und oben Hübsche Pastellfarben, Kunststoff und Holz: So ein Farben- und Materialmix ist schön entspannt und unkompliziert.

Gegenüber Wenn eine kleine Grundausstattung zum Kochen immer zu Hand ist, wird die Außenküche garantiert oft benutzt.

FARBE MACHT FROH ... DEKORIEREN SIE DIE WÄNDE MIT HÄNGETÖPFEN UND BUNTEN BLUMEN, WITZIGEN SCHILDERN ODER PLAKATEN.

Wir erinnern uns so gern an diesen Sommer, dass wir jetzt vorhaben, ein Gewächshaus zu bauen. Wenn Sie es einmal ausprobieren wollen, stellen Sie doch ein Zelt auf. Suchen Sie für die Ausstattung der Außenküche pflegeleichte, haltbare Materialien aus, denen Witterungseinflüsse nichts ausmachen. Melamin, Kunststoff und behandeltes Holz sind eine gute Wahl. So können Geschirr und andere Utensilien draußen bleiben, bis die Saison vorbei ist. Denken Sie auch an luftdicht schließende Behälter für Gewürze, Kaffee und Tee. Windlichter und Laternen zaubern schmeichelhaftes Licht, wenn es dunkel wird. Im Freien können Sie es bei der Gestaltung ruhig etwas bunter treiben als im Haus. Gönnen Sie sich knalliges Geschirr und kunterbunt gemusterte Stoffe.

Vielleicht hätten Sie in der Außenküche auch gern eine Kaffee-
maschine? Hauptsache, alles ist
bequem erreichbar. Je seltener
Sie ins Haus gehen müssen, um
etwas zu holen, desto entspannter werden Sie sich in Ihrer Gartenküche fühlen.

Fehlt Ihnen zum Freiluftglück ein Gartenhaus? Eine Freundin hat im Baumarkt einen einfachen (und ziemlich hässlichen) Wellblechschuppen gekauft und daraus ein fabelhaftes Sommerzimmer gemacht, das auch Gäste und rückzugsbedürftige Teenager gern nutzen. Damit der Bau in seiner grünen Umgebung nicht wie ein Fremdkörper wirkt, hat sie ihn außen mit Rundpfosten mit Rinde und innen mit Brettern verkleidet – fertig war ein hinreißendes Gartenhaus. Eine pfiffige Idee ist auch die kleine Terrasse, deren Unterbau aus drei Paletten besteht. Ich finde Paletten großartig, weil man so viel daraus machen kann – eine kleine Terrasse, Gartensofas, Sessel oder eine Schaukel. Man kann sie auch stapeln und als Lagerregal für Äpfel nutzen. Wie eine Palettenschaukel gebaut wird, können Sie auf den Seiten 102–103 lesen.

Diese Seite Mit einem preiswerten Bausatz lässt sich für wenig Geld ein Schuppen und Extraraum im Garten schaffen, der auch als Gästezimmer dienen kann. Stellen Sie ein improvisiertes Bettsofa hinein, einen kleinen Abstelltisch und einen hübschen Sessel, dann kann der Besuch kommen.

Gegenüber Dieser Schuppen ist mit Naturholz verkleidet, damit er sich schön in den Garten einfügt. Die kleine Terrasse lädt zu einem Sonnenbad im Grünen ein.

SELBST GEMACHT

BEUTEL FÜR DIES UND DAS

Befestigen Sie gleich mehrere dieser Beutel an einer Hakenleiste oder einem Bambusstab, der mit zwei Bändern an den Enden aufgehängt werden kann.

Sie brauchen

❋ Stoffreste
❋ Spitzendeckchen, Häkelspitze, Pomponborte
❋ Schnur, Kordel oder Band
❋ Hakenleiste / Bambusstab

So wird es gemacht
Nähen Sie Stoffbeutel mit einem schmalen Tunnel am oberen Rand. Spitzen oder Borte aufnähen und eine Zugschnur durch den Tunnel fädeln.

Diese Seite Basteln Sie bunte Wimpelketten aus alten Häkeldeckchen, glitzerndem Spielzeug oder anderen Dingen, die gerade zur Hand sind. Je fantasievoller die Dekoration, desto schöner.

BITTE EINPACKEN

Es macht mir zwar viel Freude, die Terrasse mit **Bergen von Kissen**, *Decken und Polstern schön herzurichten, aber ich habe keine Lust, jeden Abend alles wieder ins Haus zu tragen und aufzuräumen. Darum finde ich* **Aufbewahrungslösungen für draußen** *so wichtig. Wenn Utensilien für den Außenbereich draußen gelagert werden, herrscht an Regentagen drinnen keine Unordnung. Wenn es gar nicht anders geht, schaffen Sie sich* **schöne Körbe** *oder Holzkisten an, die auch drinnen attraktiv aussehen. Körbe lassen sich gut tragen, und stabile Kisten mit Deckel können auch als Beistelltisch benutzt werden.*

HÜBSCH VERZIERTE AUFBEWAHRUNGSKISTEN
SCHLUCKEN EINE MENGE UNORDNUNG ...

SLOGANS

Motivierende Schriftzüge sind mit Washi-Tape im Handumdrehen geklebt.

Sie brauchen

* Washi-Tape mit verschiedenen Dekoren
* allerlei Aufkleber

So wird es gemacht

Überlegen Sie sich positive, motivierende Wörter. Kleben Sie sie mit Washi-Tape in verschiedenen Längen und anderen Aufklebern auf die Innenseiten der Deckel von Aufbewahrungskisten. Sie werden bei jedem Öffnen schmunzeln.

SELBST
GEMACHT

NACHTQUARTIER

Auf dem Land gibt es hier und dort öffentliche Unterstände. Trommeln Sie einmal Familie oder Freunde zu einem Nachtausflug zusammen. Jeder bringt Isomatten, Kissen, Decken, Schlafsäcke und Windlichter mit, und im Handumdrehen ist der Unterstand in ein gemütliches Quartier verwandelt. Vielleicht bringt sogar jemand eine Geschichte zum Vorlesen mit? Wer abenteuerlustig genug ist, kann so einen Ausflug zu jeder Jahreszeit unternehmen. Besonderen Spaß macht es an milden Herbsttagen, wenn man sich im Wald das Abendessen suchen kann – solide Pilzkenntnisse vorausgesetzt (siehe Seite 138–139). Falls erlaubt, zünden Sie ein Lagerfeuer an und kochen Sie unter dem Sternenhimmel.

Links und oben Ich bin ein detailverliebter Mensch. Selbst auf Ausflügen nehme ich Wimpel oder Banner mit, damit die Atmosphäre persönlicher wird.

VIEL BRAUCHT MAN NICHT: EINE ISO-MATTE, EIN PAAR KISSEN UND DECKEN, KERZEN UND EINEN UNTER-STAND – FER-TIG. DAS IST DER STOFF, AUS DEM SOM-MERTRÄUME SIND …

Links Hängen Sie Stoff-taschen an Wandhaken, dann entsteht keine Un-ordnung auf dem Fuß-boden.

Gegenüber Bitte recht farbig. Diese Kissen mit Pudelmotiven bringen mich immer wieder zum Lächeln.

Von einem Baumhaus träumen nicht nur Kinder. Stellen Sie sich einmal vor, in so einem Haus zu sitzen, versteckt vor der ganzen Welt, und dem Gezwitscher der Vögel und dem Rauschen des Winds in den Blättern zuzuhören. Bäume haben eine ganz eigene Energie. Manche Menschen umarmen sie sogar. Ich fühle mich zwischen Bäumen immer besonders geerdet und bei mir selbst. In unserem Garten steht leider kein geeigneter Baum, aber wenn Sie einen haben, möchte ich Ihnen Lust darauf machen, ein Häuschen in luftiger Höhe zu bauen. Dafür brauchen Sie nicht viel. Ein bisschen Holz, vielleicht ein paar alte Fenster und, falls Sie handwerklich so ungeschickt sind wie ich, einen versierten Heimwerker, der mit anfasst.

Links und oben Wie immer: jede Menge Kissen und Decken, eine weiche Matratze, und die Welt ist in Ordnung.

Gegenüber Wenn man dieses wunderbare Baumhaus anschaut, kann man sich die Geschichten vorstellen, die darin erzählt wurden, die Bücher, die Ideen und die Träume, die dort herumgespukt sind.

WER LUST HAT, DEKO-
RIERT DIE INNENWÄNDE
MIT LEUCHTENDEN
STERNAUFKLEBERN ODER
FRÖHLICHEN SCHRIFT-
ZÜGEN AUS KLEBEBAND.

MEIN LEBEN LANG HABE ICH VON EINEM EIGENEN BAUMHAUS GETRÄUMT ... ES IST NOCH NICHT ZU SPÄT

Gegenüber und unten Ein Baumhaus ist für mich der Inbegriff von Gemütlichkeit: ein Ort, um zu lesen, zu essen, zu reden, Geheimnisse zu teilen, Pläne zu schmieden und zu träumen. Vielleicht auch ein Raum zum Vorlesen oder einfach für ein Schläfchen am Nachmittag.

Oben und rechts Durch
große Glastüren tritt
man in den sechseckigen
Innenraum dieses ele-
ganten Pavillons. Mit
seinen Innenwänden in
Lachs und Lindgrün, die
in eine hohe Kuppel
münden, würde er gut
in einen Roman von Jane
Austin passen. Perfekt
für belesene Damen!

Gegenüber Bequeme
Sessel für alle Gäste
schaffen einen entspann-
ten und unterschwellig
romantischen Rahmen
für einen Abend mit
ernsthaften Gesprächen
und fröhlichem Geläch-
ter.

Dieser Gartenpavillon ist ein echtes Prachtexemplar. Nur wenige Leute können sich glücklich schätzen, so ein nobles Gartenhaus zu haben. Einen Buchclub hingegen kann jeder gründen. Das ist eine schöne Möglichkeit, etwas mit Freunden gemeinsam zu tun. Jeder kann seine Gedanken über die aktuelle Lektüre mitteilen und Lesetipps oder Denkanstöße mit nach Hause nehmen. Ich lese gern, behalte meine Gedanken zum Lesestoff aber meist für mich. Es genügt, sich alle zwei Monate zu verabreden. Sorgen Sie dafür, dass für jeden ein bequemer Sessel mit einer schönen Decke bereit steht, und dass alle sich gut sehen können. Es kann

hilfreich sein, wenn die Gastgeberin die Moderation übernimmt, damit alle zu Wort kommen. Denkbar ist auch, einige Fragen vorzubereiten, um herauszufinden, was die Teilnehmer über eine bestimmte Figur oder ein spezielles Kapitel denken. Daraus ergeben sich oft weiterführende Gespräche.

Sie könnten eine Kleinigkeit servieren, vielleicht sogar passend zum Buch: ein guter Whisky zu einem Roman, der in den schottischen Highlands spielt? Ein feuriges Curry zu einer Geschichte aus Indien? Zu so einer Einladung würde ich begeistert zusagen.

TIEF DURCHATMEN

Genießen wir den Sommer ... Wenn Sie sich bei der Gestaltung und Dekoration von Garten oder Terrasse ebenso viel Mühe geben wie bei der Wohnungseinrichtung, werden Sie feststellen, dass Sie viel mehr – und viel genussvollere – Zeit im Freien verbringen. Vor einigen Jahren haben wir bequeme Gartensofas aus einem Kunststoffgeflecht gekauft, die rund ums Jahr draußen bleiben können. Das war eine unserer besten Anschaffungen. Sie passen perfekt in unser Leben, weil sie keine Pflege brauchen und nicht gestrichen werden müssen.

Vorige Seiten Dies ist eine außergewöhnlich einladende Terrasse. Die Bodenplatten und die großen Olivenbäumchen in Kübeln rahmen sie ein und lassen sie wie einen in sich geschlossenen Raum wirken.

Gegenüber Richten Sie Sitzmöbel so gemütlich her, dass man sich hineinfallen lassen möchte. Mixen Sie Kissen und Decken nach Lust und Laune, und gehen Sie bei der Dekoration so vor, als ob es Ihr Wohnzimmer wäre.

BEQUEM ENTSPANNEN

Wir verbringen viel Zeit in unserem Garten, darum brauchen wir die passenden Möbel – zum Liegen, Lesen, Dösen und Genießen. Wenn Gäste kommen, können wir allen einen gemütlichen Sitzplatz anbieten, genau wie im Haus.

Es ist einfach angenehmer, bequem zu sitzen, und es führt dazu, dass man länger draußen bleibt und die frische Luft genießt. Wir decken zum Abendessen gern den Terrassentisch, und danach bekommt jeder eine Wolldecke, damit wir noch lange gemütlich und warm zusammensitzen können. In Skandinavien kann es abends, wenn Tau fällt, feucht werden, und nach Sonnenuntergang kühlt es sich schnell ab. Warm eingepackt und mit einem Drink in der Hand kann uns die Kälte aber nicht so leicht nach drinnen treiben.

Links Bunte Becher aus Acrylglas sind ideal für die Terrasse. Sie sehen hübsch aus und sind unzerbrechlich.

Unten links und rechts Wenn Sie weiche Liegen zum Entspannen aufstellen, denken sie auch an einen Tisch, auf dem Getränke abgestellt werden können. Was braucht man mehr?

WILLKOMMEN ZUM GARTEN-FEST ... NIMM PLATZ UND LASS ES DIR GUT GEHEN.

In ruhigen Sommernächten übernachten meine Tochter und ich manchmal auf unseren bequemen Gartensofas unter dem Sternenhimmel. Das ist herrlich gemütlich.

Wenn wir mehr Gäste einladen und bis in die Nacht hinein feiern, achten wir darauf, Bereiche zu schaffen, in denen sie sich in kleinen Gruppen zusammenfinden und die Sterne beobachten können. Dann sind mehrere kleine Tische zum Abstellen von Tellern und Getränken praktisch. Ideal sind leichte Tische, die man nach Bedarf auch schnell umstellen kann.

Ich halte mich nicht für eine Perfektionistin – das klingt für mich eher negativ und einengend. Aber ich habe einen ausgeprägten Sinn für Ästhetik. Überall gestalte ich kleine, farbenfrohe Räume. Es ist mir einfach wichtig, dass die Dinge, mit denen ich mich im Alltag umgebe, meine Augen erfreuen ... und wenn meine Augen sich freuen, dann lacht mein Herz und es geht mir gut. Mag sein, dass manche Menschen das etwas oberflächlich finden, aber so ticke ich nun einmal.

Gegenüber und diese Seite Wenn wir im Garten feiern, stelle ich gern hohe Bistrotische auf. Sie sorgen für eine entspannte, lockere Atmosphäre, weil sie es allen Gästen leicht machen, sich zwischen den Grüppchen hin und her zu bewegen. Niemand muss an seinem Platz sitzen, die Energie kann fließen. Eine aufwendige Tischdekoration ist nicht nötig – eine Blume, ein Windlicht, fertig.

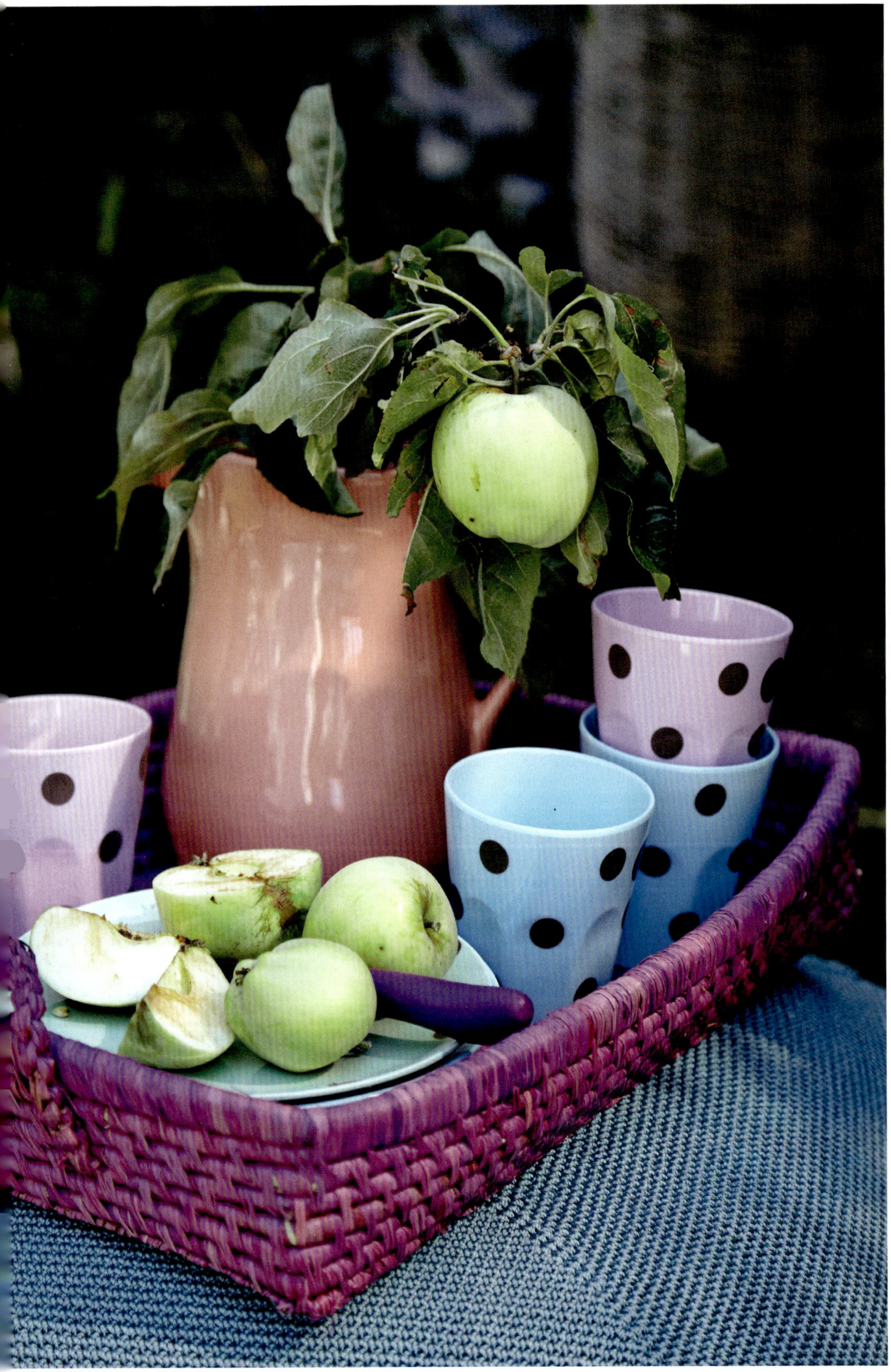

AM LIEBSTEN DIE SCHUHE AUSZIEHEN, ZURÜCKLEHNEN UND ENTSPANNEN …

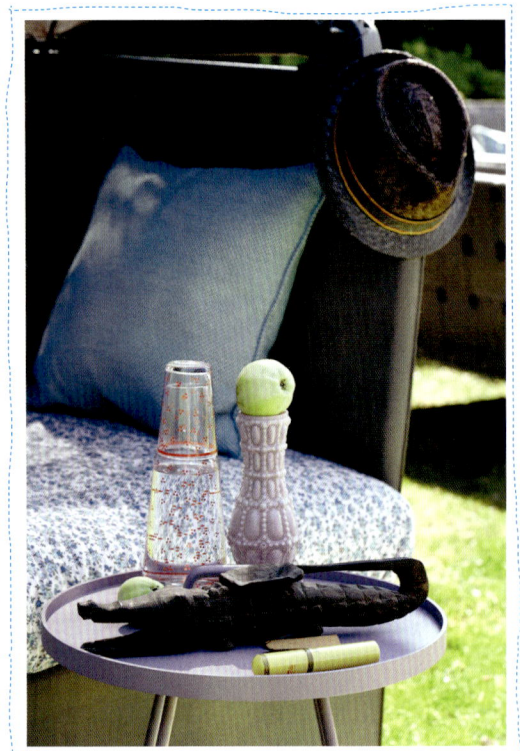

Oben Ein kleiner, beweglicher Tisch macht das Leben im Freien leichter. Er kann mühelos hin und her getragen werden – immer dorthin, wo man ein Getränk abstellen möchte.

Links Wie dekadent! Schneiden Sie einen ganzen Zweig mit reifen Äpfeln ab, und stellen Sie ihn »zur Selbstbedienung« in eine Vase. Frischer geht es nicht.

Gegenüber Hier möchte man sich lang ausstrecken und die Sterne zählen, oder vielleicht mit einer Freundin zusammensitzen, um zu plaudern und zu lachen. Aber Vorsicht: Der Gartenzwerg im Bambus hört mit.

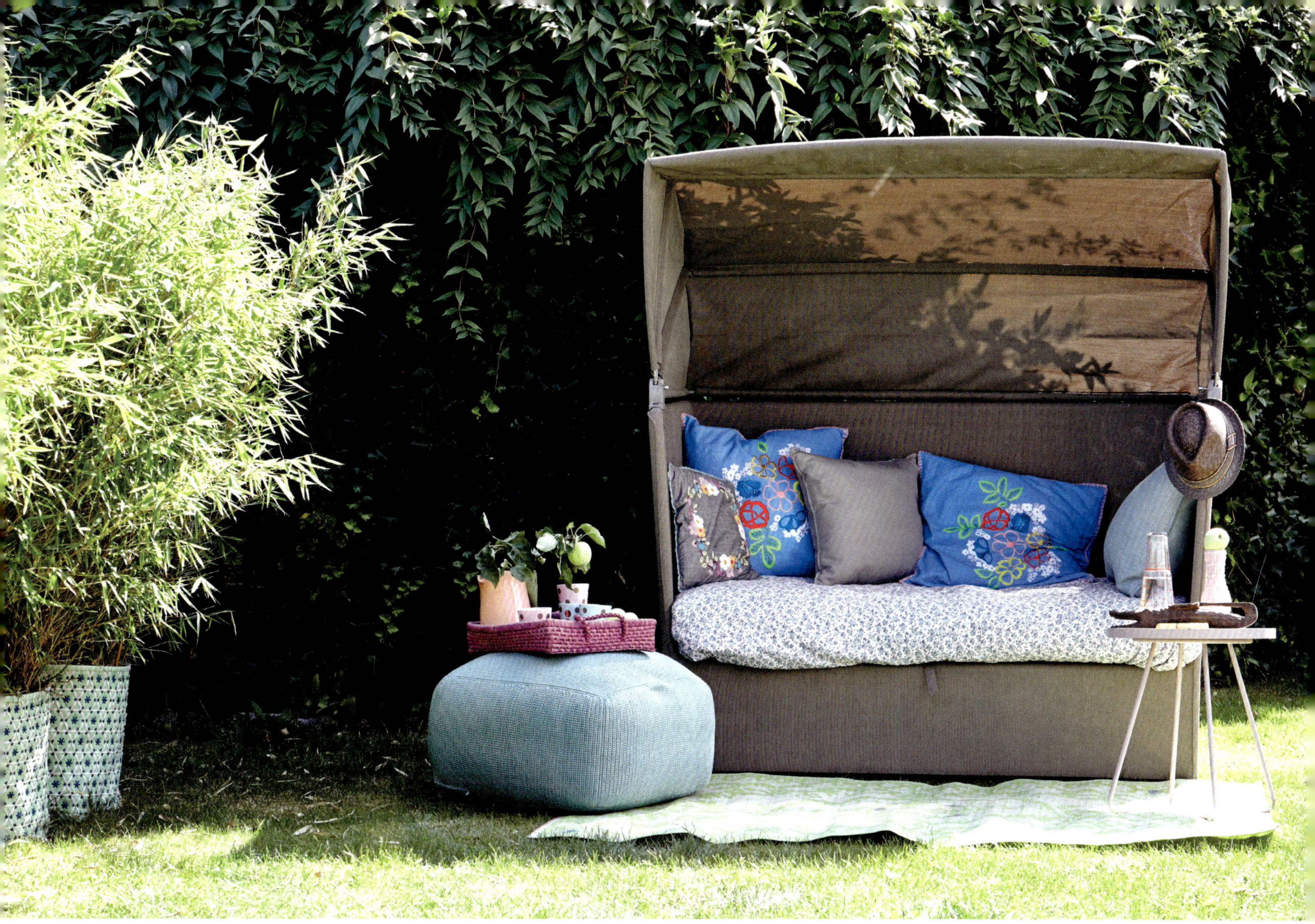

GEMÜTLICHE ECKEN

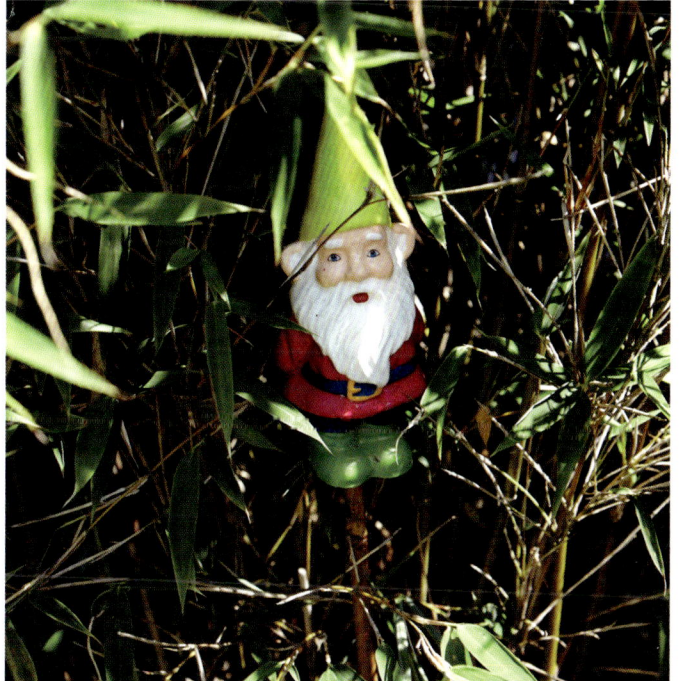

Es macht viel Spaß, kleine, in sich geschlossene Welten zu gestalten. Und wenn man sich in diesen modernen Strandkorb zurückzieht, fühlt man sich tatsächlich wie in einer eigenen Welt. Stellen Sie ihn in Ihrer Lieblingsecke des Gartens auf. Mit einer Matte auf dem Boden und einem Ablagetisch in Reichweite wirkt der Bereich wie ein eigenständiges Zimmer im Garten.

Ich finde, dass Gartenmöbel viel behaglicher werden, wenn man weiche Wolldecken auf ihre Sitze legt. Außerdem ist das eine praktische Lösung, denn Sie können die Decken jederzeit waschen oder auswechseln, wenn Sie Lust auf eine andere Farbe haben.

TABLETTS

Als Kind hatte ich ein niedliches Bilderbuch. Es handelte von Amalie und ihrer Mutter, die immer **bezaubernde** *Tabletts mit einer kleinen Blume, einer hübschen* **Serviette**, *selbst gebackenem Brot und Marmelade vorbereiteten. Vielleicht geht darauf mein Faible für Tabletts zurück. Es ist tatsächlich möglich, auf ein paar Quadratzentimetern eine* **kleine Welt** *zu erschaffen. Da gibt es das* »**Guten Morgen**, *komm gut durch den Tag«-Tablett, das »Feierabend-Drink«-Tablett, das »Lesestunde mit Tee und Schokosünde«-Tablett, das »Verteilerschnaps für alle«-Tablett, das »Fernsehabend«-Tablett ... lassen Sie sich etwas einfallen!*

FÜR JEDEN ANLASS EIN TABLETT: TEE, WEIN, PARTYGETRÄNKE, SÜSSES AM NACHMITTAG ... LIEBEVOLLE STILLLEBEN AUF KLEINSTEM RAUM.

ES MACHT WENIG MÜHE, ABER VIEL FREUDE, EINE KLEINE WELT AUF EINEM TABLETT ZUSAMMENZUSTELLEN.

Dieser originelle Tisch aus einer alten Schublade auf Beinen macht sich drinnen wie draußen nützlich. Bauen Sie doch gleich mehrere in verschiedenen Höhen, vielleicht als Blumenständer, Beistelltisch oder – mit einem Kissen – als Hocker für die Füße. Wichtig ist nur, dass Sie alle vier Beine auf genau gleiche Länge zusägen, damit der Tisch nicht wackelt.

SO EINFACH KANN KREATIVES UPCYCLING SEIN!

SCHUBLADEN-TISCH

Aus einer alten Schublade und gebrauchten Tischbeinen wird ein origineller, kleiner Beistelltisch.

Sie brauchen
* Schublade aus Holz
* alte Tischbeine
* Schrauben
* Farbe

So wird es gemacht
Sie können die Beine in mehrere Stücke sägen, wenn Sie Beine für einen Tisch und für Blumenkästen (Seite 33) brauchen. Die Beine unter dem Schubladenboden festschrauben und alles in einer fröhlichen Farbe streichen.

Ich finde es herrlich, einen großen, weichen Quilt direkt auf den Rasen zu legen und mich genüsslich darauf auszustrecken. An heißen Sommertagen hat das Gras einen ganz besonderen Duft. Er erinnert mich an meine Kindheit, in der die Sommer immer heiß waren, der Himmel immer blau und die Eiskugeln viel größer. Ich finde, jeder sollte sich ab und zu einen faulen Moment gönnen, auf einer Decke mit vielen Kissen liegen, ein Buch lesen, Tagebuch schreiben oder einfach träge ins Geäst eines Baums schauen und die Gedanken wandern lassen. Das Schöne an einem Quilt ist, dass man ihn mühelos an einen anderen Platz legen kann, in die Sonne oder in den Schatten, ganz wie Ihnen der Sinn steht.

Diese Seite und gegenüber Wenn ich im Haus Lust auf Veränderung habe, tausche ich einfach die Kissen. Das funktioniert im Freien genauso gut. Man braucht schon ein paar mehr Kissen, um die optimale Sitz- oder Liegeposition zu finden.

HUNDE FINDEN IMMER DEN BESTEN PLATZ IM GARTEN. SCHNAPPEN SIE SICH EINE DECKE UND MACHEN SIE ES IHNEN NACH!

SCHATTENSPENDER

Ein Stoffdach spendet an heißen Tagen willkommenen Schatten und kann auch vor einem kurzen Schauer schützen. Außerdem vermittelt es ein unterschwelliges »Raumgefühl«, was helfen kann, eine größere Gruppe von Gästen zusammenzuhalten. Sonnensegel gibt es in allen Formen und Größen, für eine Person oder für eine große Party. Sie können aber auch ein ganz individuelles Sonnensegel aus

Stoffen aus eigenem Bestand nähen (siehe Anleitung gegenüber) und an Bäumen befestigen.

Es ist ein herrliches Gefühl, auf hübschen Quilts und Bergen von Kissen unter so einem Stoffdach zu liegen und ein Buch zu lesen oder zu dösen. Wenn Sonnenlicht durch den Stoff fällt, malt es ein Muster aus Licht und Schatten, das sich ständig verändert.

SONNENSEGEL

Sie brauchen

* ✻ 4 Bambusstäbe, 2 cm Durchmesser
* ✻ 2 Tischdecken oder Stoff
  in der gewünschten Größe
* ✻ Flaggenleine
* ✻ 2 Zeltstangenspitzen
* ✻ 2 Heringe oder Erdnägel
* ✻ Säge und Bohrer

So wird es gemacht

✻ Die Tischdecken zusammennähen und an beiden Enden 10 cm breite Tunnel umnähen. Wenn Sie möchten, können Sie anschließend an einer Seite einen Volant annähen, wie bei unserem Modell. 2 Bambusstäbe so zurechtsägen, dass sie 10 cm länger als der Stoff sind. Beide Enden dieser beiden Stäbe durchbohren.

✻ Die beiden anderen Stäbe auf die gewünschte Länge zuschneiden. Ich empfehle 2 m. Zwischen den Knoten der Bambusstäbe sägen, um ein hohles Ende zu erhalten. Die Zeltstangenspitzen an den oberen Enden befestigen.

✻ Einen durchbohrten Stab in einen Tunnel schieben. Flaggenleine durch das Loch an einem Ende fädeln und gut verknoten. Die Leine um einen Baum oder Ast legen, der ca. 20 cm höher als die vorderen Stäbe ist, dann durch das Loch im anderen Ende des Stabs führen und verknoten. Den zweiten durchbohrten Stab durch den anderen Tunnel schieben. Die Stäbe mit den Zeltstangenspitzen durch die Löcher stecken. Darüber zwei lange Stücke Flaggenleine festknoten (als Spannleinen) und die Stäbe aufstellen. Die senkrechten Stäbe gerade ausrichten, die Spannleinen straffen und mit den Heringen im Boden verankern.

SELBST GEMACHT

KOMFORTABEL

Wer so richtig entspannen will, muss es bequem haben. Ich persönlich finde es schwierig, auf einem Sofa zu sitzen. Kaum habe ich Platz genommen, nehme ich die **Füße hoch** *und finde mich in einer halb liegenden Position. Suchen Sie Möbel aus, in denen Sie wirklich* **entspannen** *können. Das funktioniert nicht, wenn sich eine Sprungfeder ins Bein*

bohrt oder eine Kante an den Rippen drückt. Natürlich gehören Decken und Kissen dazu, davon können Sie gar nicht genug haben. Eine Liege oder eine große Schaukel sind gute Alternativen zum konventionellen Sofa, weil sie so außergewöhnlich einladend aussehen. Und wenn es abends etwas kühler wird, brauchen Sie noch lange nicht ins Haus gehen, wenn eine schöne, selbst gehäkelte Decke griffbereit ist.

HAUPTSACHE WEICH UND BEQUEM ...
SETZEN SIE AUF JEDE MENGE KISSEN
UND DECKEN.

NICHT NUR KINDER LIEBEN ES ZU SCHAUKELN. VIELLEICHT ERINNERN WIR UNS ALLE GERN AN DAS GEFÜHL, DAS WIR AUS DEM SÄUGLINGSALTER KENNEN ... EGAL! BITTE PLATZ NEHMEN UND GENIESSEN.

PALETTENSCHAUKEL

Auf dieser Schaukel kann man bequem liegen oder zu zweit sitzen.

Sie brauchen
* eine Palette, in einer fröhlichen Farbe gestrichen
* 2 lange Stücke stabiles Seil
* Isolierband
* 2 stabile Metallschellen mit Rolle und Karabiner

So wird es gemacht
In die Ecken der unteren Bretter Löcher bohren, die groß genug für das Seil sind. Die Seile durchziehen und verknoten. Die Enden mit Isolierband umwickeln, damit sie nicht ausfransen. Die Schaukel an stabile Äste hängen.

SELBST GEMACHT

GÄSTE UND FESTE

Gemeinsame Mahlzeiten mit netten Leuten in entspannter Atmosphäre – das sind für mich Momente im Leben, die einen besonderen Zauber haben. Es mag merkwürdig klingen, aber es fällt mir nicht ganz leicht, mit Menschen, die gutem Essen und gutem Wein nichts abgewinnen können, enge Freundschaft zu schließen. Gemeinsam zu essen hat etwas Intimes. Man teilt eine Mahlzeit und ein paar Stunden des Lebens, und genießt dabei die Gesellschaft der anderen.

Vorige Seiten Im Freien lebt es sich leicht. Kombinieren Sie Altes und Neues nach Lust und Laune. Hauptsache, es sieht schön aus, ist praktisch und erfüllt seinen Zweck.

Gegenüber Das Bühnenbild trägt zum Erfolg einer Party bei. Zwanglos gedeckte Tische verbreiten eine lockere, entspannte Atmosphäre.

Wenn zu einem Gartenfest viele Gäste verschiedenen Alters kommen, sollten Sie einmal eine Do-it-yourself-Party veranstalten.
Dabei entsteht eine lockere, fröhliche und
auf sympathische Weise lebhafte Atmosphäre.

Kleine Kinder haben Mühe, länger still zu
sitzen. Selbst wenn die ganze Gesellschaft
gesittet bei Tisch ist, laufen Eltern oft ihrem
Nachwuchs nach. Ältere Teenager möchten
am liebsten gleich nach dem Essen auf-

Links und oben Am liebsten habe ich
eine lange Tafel mit vielen Freunden aller
Altersgruppen. Dieser Aspekt steht bei mir
immer zuoberst auf der Liste. Dann kommen die vergnüglichen Extras ... ein liebe-
voll gedeckter Tisch mit Blumen und bunten Tellern. Beziehen Sie die Gäste ruhig
in die Vorbereitungen ein. Sie könnten vielleicht Laternen in den Bäumen aufhängen.
Jeder fasst gern mit an.

stehen und sich mit Gleichaltrigen in ihre eigenen Ecken zurückziehen. Darum ist ein Essen, an dem alle mitarbeiten, gerade für eine gemischte Runde ideal. Ein bisschen Vorbereitung ist nötig, aber wenn die Gäste angekommen sind und alles Notwendige auf dem Tisch steht, können Sie die Gastgeberinnenrolle abstreifen und sich einfach mit Ihren Freunden amüsieren.

Seit unsere Kinder klein waren, habe ich mehrmals eine Pizza-Party veranstaltet. Es gab sogar Pizzawettbewerbe, bei denen jeder erklären musste, was er oder sie ausprobiert hatte und warum. Einem Freund war seine Pizza heruntergefallen. Als Begründung behauptete er, mit dem verloren gegangenen Belag habe er die Erde darstellen wollen – mit ihren Teilen, auf denen die Menschen zu wenig zu essen haben, und anderen, auf denen Überfluss herrscht. Es wurden Punkte für Aussehen, Geschmack und so weiter vergeben, und wenn wir sie zusammenzählten, gewannen immer die Kinder. Inzwischen sind meine Kinder größer und fallen auf diese Rechenmethode nicht mehr herein. Aber Pizza mögen sie und ihre Freunde immer noch gern.

Mir gefällt diese entspannte, zwanglose Atmosphäre. Man kann mit diesen und jenen Freunden plaudern und etwas trinken, bis man an der Reihe ist. Manche Gäste brauchen vielleicht ein bisschen Hilfe beim Belegen oder bei der Auswahl der Zutaten. Natürlich können Sie eingreifen, um die Sache etwas zu beschleuni-

Rechts An den Zweigen hängen Papierfächer und bunte Lichterketten, und um den Tisch stehen bunt gemixte Stühle. Die Sorgfalt, die Sie sich mit der Festtafel geben, zahlt sich aus.

gen. Wenn Sie den Job des Bäckers übernehmen, kann es etwas heißer werden, aber Spaß macht es allemal.

Ich bereite den Pizzateig und die Tomatensauce rechtzeitig vor und schneide alle Beläge, die allgemein gut ankommen. Außerdem mische ich Knoblauchöl und Chiliöl, das auf die warmen Pizzen geträufelt werden kann.

Es lohnt sich wirklich, einige Pizzasteine zu kaufen und in den Grill zu legen, denn nur bei ausreichend hoher Temperatur wird die Pizza schön knusprig.

Sie müssen damit rechnen, dass es bei so einer Party etwas chaotisch zugeht und auch gekleckert wird. Die Gäste können nicht gleichzeitig essen, weil immer nur zwei Pizzen zur selben Zeit fertig werden. Natürlich kann man sie in kleine Stücke schneiden und teilen. Wer unbedingt seine »eigene« Pizza essen will, muss sich eben gedulden. Wenn die Ersten mit ihren Pizzen fertig sind, backe ich meistens einige zum Teilen. So ist dafür gesorgt, dass alle etwas in den Magen bekommen.

Links Ich selbst habe einen Blick für Details, kenne aber viele Menschen, die nicht so genau hinsehen. Ein Teller mit Vögeln, eine hübsche Tischdecke, bunte Servietten, witzige Acrylgläser – an solchen Kleinigkeiten habe ich Freude.

Gegenüber Pizza-Partys sind herrlich – laut, vergnügt und manchmal etwas chaotisch. Sie brauchen Backpapier, um die Pizzen auf den Grill zu schieben, einige Pizzasteine für den Grill und ein großes flaches Holzbrett zum Ausrollen und Belegen, damit sie beim Anheben nicht auseinanderfallen. Etwas Arbeit fällt an, bevor die Gäste kommen. Bereiten Sie die Tomatensauce vor und füllen Sie jede Menge Schüsseln mit klein geschnittenen Belägen für jeden Geschmack. Draußen schmeckt alles besser, und erst recht, wenn es selbst gemacht ist.

Links Wunderbare
Sommerabende! Wenn
ich dieses Bild anschaue,
kann ich die Atmo-
sphäre spüren und be-
komme Sehnsucht nach
dem Sommer. Im Däm-
merlicht sieht alles und
jeder viel schöner aus.

Gegenüber Fingerfood
… Ich schneide Pizza mit
einer Küchenschere. Das
klappt prima.

PIZZATEIG

Dieses Rezept reicht für 6 Pizzen,
Sie können die Mengen aber einfach
vervielfachen.

Sie brauchen
* 650 g Weizenmehl
* 1 Beutel (7 g) Trockenhefe
* 2 TL Salz
* 25 ml Olivenöl
* 365 ml handwarmes Wasser

So wird es gemacht
Mehl, Hefe und Salz in einer großen
Schüssel mischen und das Olivenöl
unterrühren. Langsam das Wasser
unterkneten, bis ein weicher Teig
entsteht. Den Teig 10 Minuten kneten. Abgedeckt 2 Stunden gehen
lassen, dann nochmals kneten und
Kugeln in Portionsgröße formen.
Die Gäste rollen sie selbst aus.

SELBST
GEMACHT

ES WERDE LICHT ...

Kerzen, Laternen und Windlichter haben ihren ganz besonderen Zauber. Ihren behaglichen warmen Schein liebe ich im Haus ebenso wie draußen. Kombinieren Sie ruhig verschiedene Farben, Formen und Materialien. Wann immer ich in Paris bin, staune ich über die Beleuchtung. Die Franzosen beleuchten ihre Gebäude mit großem Geschick und wissen instinktiv, wie die Schatten fallen müssen. Nehmen Sie sich Zeit für die Beleuchtung des Außenbereichs. Ob Kerzen, ein Lagerfeuer oder elektrisches Lampen: Im rechten Licht sieht alles schöner aus. Da fühlen sich die Gäste wohl und bleiben gern ein bisschen länger.

ES IST GAR NICHT SCHWIERIG, DICKE STUMPENKERZEN MIT KERZENFARBEN ZU BEMALEN.

LAMPENSCHIRM
MIT VÖGELN

Wir haben ein Teelichtglas in die Mitte eines verzierten Lampenschirmgestells gehängt. Achtung: Genug Abstand zu allen brennbaren Teilen halten!

Sie brauchen

* einen alten Lampenschirm
* lange Stoffstreifen
* Dekovögel mit Klammern
* Teelichtglas und Draht

So wird es gemacht

Von einem alten Lampenschirm die Bespannung entfernen, nur die untere Spitzenkante bleibt am Gestell. Stoff in lange Streifen von 3–4 cm Breite reißen und fest um das Gestell wickeln. Zuletzt die Vögel anbringen – so viele Sie möchten.

KERZEN SIND EIN GEHEIMREZEPT FÜR EINE ROMANTISCHE ATMOSPHÄRE. FEUERKÖRBE SEHEN NICHT NUR TOLL AUS, SONDERN HEIZEN DEN GÄSTEN AUCH EIN.

ERBSEN-PICKNICK

Ich bin ein großer Fan von Pop-up-Events, die nur für einen ganz kurzen Zeitraum an einem unerwarteten Ort stattfinden. Solche Veranstaltungen machen Spaß, und alle Beteiligten sind viel offener und neugieriger als bei einem normalen Essen im Restaurant. So ein Erbsen-Picknick können Sie auch leicht selbst organisieren. Vielleicht möchten Sie sich mit Freundinnen zusammentun und sich die Arbeit teilen. Legen Sie ein Thema fest und suchen Sie das Menü aus – etwas, das sich vorbereiten lässt oder gegrillt wird. Kümmern Sie sich um die praktischen Fragen wie Ort, Tische und eventuell Grills, und nehmen Sie sich auch Zeit für eine einladende Dekoration. Überlegen Sie sich, wie hoch der Kostenbeitrag pro Person sein muss.

Wir haben als Thema grüne
Erbsen gewählt, weil sie
so schön sommerlich und
farbenfroh sind. Es ist eine
charmante Hommage an
die Natur, ein ganzes Menü
und die Tischdeko auf ein
bestimmtes Saisongemüse
abzustimmen.

Bon Appétit!

Bon Appétit!

**Im Uhrzeigersinn
von oben links**
Sparen Sie nicht an
kühlen Getränken.

Wir haben all unsere
Decken und Kissen ein-
fach ins Auto gepackt.
Sie können die Gäste
natürlich bitten, sich
selbst Decken und Kis-
sen mitzubringen – das
wird niemandem etwas
ausmachen. Nicht jeder
sitzt gern direkt auf der
Erde. Ich mag es gern.

Es grünt so grün …
Sommerkohl mit Erb-
sen, Gemüsepüree mit
Speck und Erbsen.
Köstlich!

ERBSEN-BRUSCHETTA

Dieser grüne Snack ist gesund, farbenfroh, lecker und kinderleicht zu machen.

Sie brauchen
* 200 g tiefgefrorene Erbsen
* 2 EL Olivenöl
* 8 Scheiben Brot
* 1 Knoblauchzehe
* 200 g Ricotta
* 50 g Salatblätter
* Salz und frisch gemahlenen Pfeffer

So wird es gemacht
Die Erbsen auftauen und mit dem Olivenöl im Mixer fein pürieren. Mit Salz und Pfeffer abschmecken. Das Brot toasten und mit der durchgeschnittenen Knoblauchzehe einreiben. Dick mit Ricotta bestreichen, Erbsenpüree darauf geben und mit Salatstreifen garnieren. Falls nötig, mit etwas Salz und Pfeffer bestreuen.

SELBST GEMACHT

Auch zu Hause kann es Spaß machen, ein Essen zu einem Thema – vielleicht einer bestimmten Farbe oder Zutat – zusammenzustellen. Als wir noch auf dem Land wohnten, habe ich einmal einen gelben Abend veranstaltet. Unser Haus lag inmitten von Feldern, deren Fruchtfolge im Siebenjahresrhythmus wechselte. Dies war ein Sommer, in dem wir von leuchtend gelben Rapsfeldern umgeben waren. Also beschloss ich, eine »Party in Gelb« zu veranstalten. Ich deckte den Tisch ganz in Gelb und servierte gelbe Speisen und Getränke. Ich erinnere mich nicht genau an das ganze Menü, aber es gab Wodka mit Orangensaft, Eier mit Mayonnaise, Fisch in Currysauce, Reis mit Kurkuma und zum Nachtisch Zitronenschaum. Einige Gäste waren gelb gekleidet. Diesen Abend werde ich nie vergessen. Er war etwas ganz Besonderes und hat dabei nicht mehr Mühe gemacht als eine normale Party.

Das Farbthema können Sie selbst bestimmen. Hier haben wir ein feines Essen für zwei Personen in Rot-Weiß vorbereitet. Wer wäre dazu nicht gern eingeladen? Wenn Sie gründlich genug suchen, werden Sie garantiert eine Menge Dinge finden, die zu Ihrem Farbthema passen. Mit der Zeit nimmt man seine Haushaltsutensilien ja gar nicht mehr so genau wahr, darum kann so eine Farbensuche ein richtig spannendes Erlebnis sein.

Meine Großmutter war die beste Gastgeberin, die ich kenne. Bei ihr fühlte sich ein-

Es macht viel Spaß, für ein Menü mit Farbmotto Haus und Garten nach Kleinigkeiten zu durchstöbern, die sich für die Dekoration eignen.

fach jeder Gast wohl. Oft hat sie schon Tage vorher
mit den Vorbereitungen angefangen.

Nichts blieb dem Zufall überlassen, auch das Timing
war perfekt. Da kam man besser pünktlich, sonst
brach die Hölle los. Wenn die Gäste dann da waren,
schenkte sie ihnen ihre volle Aufmerksamkeit. Der
Tisch mit den Getränken war so platziert, dass sie
nicht aufstehen musste. Die Vorspeise stand auf
dem Tisch, der Hauptgang war noch im Ofen. Ich
vermisse sie noch immer und würde liebend gern
noch einmal bei ihr essen. Vielleicht habe ich meine
Liebe zum Detail von ihr – wer weiß?

Gegenüber Diese Tischdekoration in Rot-Weiß heißt mit ihrer
heiteren Ausstrahlung den Gast
willkommen. Servieren Sie einfach Tomatensalat mit Mozza-
rella, und schauen Sie dem Gegenüber tief in die Augen.

Unten Ein roter Dino-
saurier auf dem Teller ...
warum eigentlich nicht.
Er zaubert dem Gast ein
Lächeln aufs Gesicht,
und das ist der Sinn der
Sache.

Oben Schnappen Sie sich
ein Kissen aus dem Haus,
das zum Farbthema
passt. Sie werden stau-
nen, wie viele Dinge in
der Themenfarbe Sie fin-
den, wenn Sie erst einmal
gezielt auf die Suche ge-
hen. Ich dachte, dass ich
nicht viel Rotes im Haus
habe, aber als ich suchte,
fand ich doch allerlei.

Links Die Kirschengir-
lande ist mit der Hand
gehäkelt. Bestimmt gibt
es unter Ihnen manche,
die so etwas können.
Ich habe dafür gar kein
Talent, aber ich schaue
meine Girlande, die von
Frauen auf Madagaskar
gehäkelt wurde, gern an.

TISCH-DEKORATIONEN

Alte Kerzenhalter lassen sich im Handumdrehen **aufpeppen**, *zum Beispiel mit* **Bändern**, **Papierblumen** *oder was gerade zur Hand ist. Schließlich braucht jeder mal ein neues Sommerkleid. Solche Kleinigkeiten kosten kaum Mühe, sind für ein gelungenes Gesamtbild aber wichtig. Auf Flohmärkten findet man oft schöne Teetassen mit zarten* **Ornamenten** *oder* **handgemalten Dekoren**. *Meine Großmutter hatte viele davon. Ich wusste nie genau, was ich damit tun sollte, bis ich auf die Idee kam, sie als Blumenvasen und* **Tischkartenhalter** *zu verwenden (siehe übernächste Seite). So ist jedes Gedeck individuell*

KLEBEN SIE EINFACH BUNTE STICKER AUF DIE TISCHPLATTE – DAS SIEHT TOLL AUS UND SIE BRAUCHEN HINTERHER KEINE TISCHDECKE ZU WASCHEN.

KERZENHALTER

Haben Sie alte Kerzenhalter, die ein bisschen langweilig aussehen? Dann möbeln Sie sie doch einfach auf!

Sie brauchen

* Kerzenhalter, die ihre beste Zeit hinter sich haben
* Papierblumen
* Bänder
* einen Vogel als Porzellan oder Plastik
* Flitter

So wird es gemacht

Binden Sie Papierblumen und hübsche Bänder an den Kerzenhaltern fest. Oder bestreichen Sie den Vogel mit Klebstoff und bestreuen Sie ihn mit Flitter. Trocknen lassen und festbinden.

dekoriert, und auch der **Blumen-schmuck** kommt nicht zu kurz. Solche Kleinigkeiten tragen viel dazu bei, dass Gäste sich willkommen fühlen. Wenn Sie sich an einen Tisch setzen, der mit so viel Sorgfalt dekoriert ist, wird sich Ihre **Stimmung** heben, und Sie sind offener und gesprächiger. Ja ja, das gute alte Karma. Ich bin jedenfalls davon über-zeugt, dass alles, was man mit Liebe tut, auch Gegenliebe hervorruft.

TEETASSEN MIT TISCHKARTEN

Es macht großen Spaß, auf die Suche nach verschiedenen hübschen Tassen zu gehen.

Sie brauchen
* 1 Tasse pro Person
* Schilder aus Manilapapier
* Band
* große Blüten

So wird es gemacht
Kaufen Sie auf dem Flohmarkt hüb-sche Tee- oder Espressotassen. Die Schildchen mit Namen beschriften und mit hübschem Band an die Henkel binden. Dann in jede Tasse eine Blüte legen und etwas Wasser einfüllen, damit sie frisch bleibt.

GANZ KLAR – DIES IST
EIN ZAUBERHAFTER TISCH ...

EIN WEISSER TELLER
WIRKT RUHIG UND LÄSST
GLEICHZEITIG ALLE FARBEN
IN SEINER UMGEBUNG
STRAHLEN.

Elisa

Fiona

LAGERFEUER

Die Elemente besitzen eine unglaubliche Faszination. Man kann stundenlang auf das Meer oder in die Flammen eines Feuers starren, sich in Gedanken verlieren oder gar nichts denken. Der Holzofen im Haus eignet sich dafür genauso gut wie ein Lagerfeuer im Garten. Laden Sie doch einmal zum Pfannkuchenfest am Feuer ein. Pfannen mit extralangen Stielen gibt es im Campingfachhandel. Sie können die Pfannkuchen vorher backen und nur am Feuer aufwärmen oder, wenn Sie viel Zeit haben, direkt am Feuer garen. Geben Sie einen Schuss Alkohol hinein – wegen des Effekts und des Geräuschs, aber auch für den Geschmack. Dazu Vanilleeis und Früchte, und Sie fühlen sich wie im Himmel.

Unten Wir haben einen Holzofen im Haus und eine Feuerstelle im Garten. Eigentlich haben wir dafür nur eine Grube ausgehoben, um das Feuer vor Wind zu schützen. Ich weiß nicht, ob es funktioniert, aber es sieht gut aus.

BAUMSTAMM-
HOCKER

*Perfekt für die gemütliche Runde
ums Lagerfeuer.*

Sie brauchen

* dicke Abschnitte
  von Baumstämmen
* verschiedene Holzfarben

So wird es gemacht

Streichen Sie die Oberseiten der
Stammabschnitte in bunten Farben.
Dann können die Hocker um das
Lagerfeuer gestellt werden. Die
Farbe sieht nicht nur gut aus, sie
schützt das Holz auch vor Witte-
rungseinflüssen, sodass die
Hocker länger halten.

HERBSTFEUER

Ich unternehme nicht nur im Sommer gern etwas gemeinsam mit Freunden, sondern zu allen Jahreszeiten. Wenn es kühler ist, hat man es rund um ein Lagerfeuer schön warm und gemütlich. In Dänemark gibt es in vielen Parks und Wäldern große Feuerstellen. Vielleicht haben Sie ja Lust, mit Freunden ein vergnügtes, herbstliches Pilzfest zu veranstalten. (Wer Pilze sammeln will, muss sich wirklich gut auskennen, damit nicht versehentlich ein unbekömmlicher in den Topf wandert.) Sie können sich natürlich auch einfach zu einem langen Waldspaziergang treffen und zum Schluss am Feuer Stockbrot backen und Pilze schmoren. Bereiten Sie das Essen vor, und packen Sie Geschirr und Besteck ein, damit der Kochspaß gleich beginnen kann. Für das Stockbrot werden Stränge aus simplem Brotteig um Stöcke gewickelt und über dem Feuer gebacken.

Rechts Für das Stockbrot braucht jeder einen langen Zweig. Von den oberen 25 cm muss die Rinde abgeschält werden, bevor der Teig um das Holz gewickelt wird.

Links und links unten Ein Stück Teig zu einem langen Strang formen und spiralförmig um den Stock legen. Wenn das Brot gar ist und zu duften anfängt, können Sie es einfach vom Stock ziehen. Ein bisschen Butter und Marmelade dazu … sehr lecker!

Unten Halten Sie den Brotteig so dicht über das Feuer, dass er gart, aber nicht verbrennt. Gut aufpassen, dass der Stock nicht Feuer fängt. Wenn der Teig gar ist, klebt er nicht mehr am Zweig und lässt sich ganz leicht herunterschieben.

BRATÄPFEL

Sie brauchen
* 4 Äpfel
* 100 g Schokolade, gehackt
* eine Handvoll Rosinen und ein paar gehackte Nüsse
* 4 Scheiben Marzipan
* Alufolie

So wird es gemacht
Mit einem Löffel die Kerngehäuse aus den Äpfeln herausstechen, dann die anderen Zutaten in den Hohlraum füllen. Die Äpfel fest in Alufolie wickeln und ins Feuer legen. Etwa 10 Minuten darin garen, dabei ständig im Auge behalten und gelegentlich wenden. Die warmen Äpfel mit einer Gabel oder einem Löffel aus der Folie essen.

SELBST GEMACHT

Gegenüber Das Foto lässt ahnen, wie köstlich die Bratäpfel duften.

Rechts Wer sich auskennt, kann auf eine spannende Schatzsuche gehen: nach wohlschmeckenden Waldpilzen.

Unten Hacken, hacken, hacken ... das kann jeder. Einfach alles in die Pfanne werfen, und nach ein paar Minuten kann die Ernte des Tages serviert werden.

SELBST GESAM-MELTE PILZE SCHMECKEN EIN-FACH UMWERFEND GUT. WENN SIE NICHT GENUG ZEIT HABEN ODER SICH NICHT AUSKEN-NEN, KÖNNEN SIE NATÜRLICH AUCH BEIM GEMÜSE-HÄNDLER EIN-KAUFEN GEHEN.

Links So einfach geht das ... Pilze, frische Kräuter, Zwiebeln, Knoblauch, Salz und Pfeffer. Dazu ein Feuer und eine gute Pfanne, und dann bekommt jeder einen Teller voll Köstlichkeiten.

PILZPFANNE

Sammeln oder kaufen Sie drei oder vier verschiedene Sorten einheimischer Pilze.

Sie brauchen
* 800 g gemischte Waldpilze
* 2 Zwiebeln, gehackt
* 2 Schalotten, gehackt
* 3 Knoblauchzehen, gehackt
* Blattkoriander, gehackt
* Salz und Pfeffer
* Olivenöl
* 1 Schuss Sahne (nach Belieben)

So wird es gemacht
Das Feuer muss richtig heiß sein. Zwiebeln, Schalotten und Knoblauch in Olivenöl goldbraun braten. Unter ständigem Rühren kommen die Pilze dazu. Zum Schluss die Kräuter zugeben. Mit einem Schuss Sahne schmeckt es noch besser. Großzügig mit Salz und Pfeffer würzen und genießen.

SELBST GEMACHT

DRAUSSEN SPIELEN

Vor einigen Jahren haben wir eine unserer Kollektionen mit dem Slogan »Let's stay playful« auf den Markt gebracht. Der Slogan wurde zum Mantra. An Tagen, an denen ich mit einer spielerischen Lebenseinstellung aufwache, macht einfach alles mehr Spaß. Wenn Menschen verschiedener Altersgruppen zusammenkommen, geschieht zwischen Alten und Jungen, Teenagern und Kleinkindern etwas Spannendes. Und wenn alle gemeinsam etwas tun, entsteht eine starke Bindung und eine herrlich lockere Atmosphäre.

Vorige Seiten Wasserspielzeug kommt immer gut an. Damit können sich Große und Kleine stundenlang im Pool vergnügen.

Gegenüber Ein Tipi aus Stoff ist schnell aufgestellt, und man kommt leicht hinein und heraus – prima für kleinere Kinder. Innerhalb solcher Stoffwände haben schon viele künftige Weltherrscher und Märchenprinzessinnen Pläne geschmiedet.

FEIERN MIT KINDERN

Kinder, vor allem kleinere, sind normalerweise leicht glücklich zu machen. Die farblich abgestimmte Tischdekoration wissen sie wahrscheinlich nicht zu schätzen – das tun Sie sich selbst zuliebe. Aber mit Essen und Spielen können Sie sie begeistern. Toben Sie sich aus und seien Sie ruhig auch albern. Luftballons, Pupskissen und falsche Zähne? Her damit! Ein Kinderfest im Freien hat Vorteile, weil man sich um Flecken und umgekippte Getränke nicht sorgen muss. Dekorieren Sie mit Spielzeug und Girlanden. Wichtig ist, Möbel und Spiele auf die Altersgruppe abzustimmen. Verwenden Sie nur Dinge, um die Sie nicht trauern, wenn sie verloren gehen oder zerbrechen – und nicht das gute Geschirr von Großmutter. Ich finde Melamingeschirr für Kinder (und Erwachsene) toll, weil es schön bunt und praktisch unzerbrechlich ist.

Diese Seite Melamingeschirr ist fröhlich bunt und unzerbrechlich. Falsche Zähne, Seifenblasen und Luftballons machen sogar Erwachsenen Spaß. Lassen Sie den Kindern aber genug Zeit zum freien Spielen.

Gegenüber Besorgen Sie Möbel in passender Größe. Kinder spielen lieber an einem Tisch, der die richtige Höhe hat und ihnen ringsherum viel Platz lässt.

Diese Seite Es kann auch großen Spaß machen, ein Kinderfest mit allem, was dazugehört, für Erwachsene zu veranstalten. Ich glaube, das werde ich bald einmal tun.

Gegenüber Praktisch, lustig, bunt und verspielt – das sind gute Stichworte für die Vorbereitung eines Fests, vor allem für Kinder.

BECHER AM BAND

Wenn wir feiern, werden immer Unmengen von Gläsern benutzt. Geht es Ihnen auch so? Das lässt sich vermeiden oder zumindest reduzieren, wenn jeder Gast ein Glas mit einem Namensschild bekommt. Und Gäste fühlen sich durch so eine kleine Geste besonders willkommen.

Sie brauchen
* verschiedene Aufkleber und einen Stift
* Wäscheleine oder Schnur
* Klammern

So wird es gemacht
Für jeden Gast ein Glas mit Namensschild und anderen Verzierungen vorbereiten und an die Schnur klammern.

MIT GIRLANDEN UND ANDEREN BUNTEN DEKO-RATIONEN AUS PAPIER IST JEDER RAUM ODER PLATZ IM HANDUMDREHEN GESCHMÜCKT.

Links Ein Drink an der Bambusbar ... Diesen Tresen haben wir vor vielen Jahren gekauft, häufig benutzt und auch oft ausgeliehen. Wenn Sie sich mit Freunden zusammentun, könnten Sie eine Partyausstattung mit Tellern, Bechern, Laternen, einem Tresen und ein paar Bistrotischen anschaffen, die sich jeder bei Bedarf ausleihen kann.

Gegenüber Für ganz besondere Anlässe lohnt es sich, etwas mehr Aufwand zu betreiben. Diese mehrstöckige Torte in Rosa wird den Mädchen bestimmt lange in Erinnerung bleiben.

GARTEN-MEMORY

Memory macht Spaß, auch wenn es frustrierend ist, dauernd von einem Fünfjährigen besiegt zu werden. Da diese runden Spielkarten zuerst als Untersetzer und dann für das Spiel benutzt werden können, finde ich die Idee so gut.

Sie brauchen

* gepresste Blüten und Blätter
* gemustertes Papier, zwei Sorten Rücken an Rücken
* Klebestift
* Laminiergerät und Folien

So wird es gemacht

Blüten und Blätter aus dem Garten pressen. Sie brauchen von jeder Sorte zwei möglichst gleiche Exemplare. Kreise aus Papier ausschneiden und zusammenkleben, dabei für alle Oberseiten dasselbe Muster verwenden. Auf die Unterseiten die Blätter und Blüten kleben.
Die Kreise in Folie einschweißen und sorgfältig ausschneiden. Dabei einen Rand von 5 mm stehen lassen, damit sie nicht auseinanderfallen.

Gemütlich auf einem bequemen Sofa sitzen und einen guten Film anschauen ... das kann ein Glücksmoment sein.

GROSSES KINO

Kino unter freiem Himmel finde ich sehr romantisch. Manchmal gibt es solche Veranstaltungen in kleineren Städten. Da sitzen dann alle im Gras, picknicken, halten Händchen oder genießen einfach einen guten Film in einer außergewöhnlichen Umgebung. Und es hat wirklich einen besonderen Zauber, einen Film unter dem Sternenhimmel zu sehen. An solche Erlebnisse erinnert man sich noch lange, und man kann sich auf eine Wiederholung freuen, wenn der Winter zu lang und zu kalt ist, um draußen etwas zu unternehmen.

Unser Haus hat eine große weiße Wand. Vor einigen Jahren kam ein Freund im Sommer auf die Idee, dass man sie als Leinwand nutzen könnte. Technisch versierte Freunde installierten Lautsprecher, einen Laptop und einen kleinen Projektor, und dann ging es los. Diese Filmabende zählen zu meinen fünf liebsten Abendbeschäftigungen.

Oben Ich habe wunderbare Erinnerungen an diese Freiluft-Kinoabende. Wir tragen alle Möbel, Matratzen und Kissen zusammen, die wir besitzen, damit jeder Zuschauer einen richtig bequemen Platz bekommt.

Links Im vorigen Sommer waren mehrere Teenager da, die beschlossen, draußen im Garten zu übernachten. Genau diese Art von Leben liebe ich in unserem Haus und Garten.

Gegenüber Legen Sie reichlich Decken bereit, falls es kühl wird, und verteilen Sie Aufgaben. Wenn jemand zuständig für Knabberzeug oder Popcorn ist, jemand anders für Getränke, und ein Experte für die Technik, kann der Film anlaufen, sobald es dunkel wird.

Große Indianerzelte setzen die Fantasie in Bewegung. Man kann sich direkt vorstellen, eine Squaw zu sein und gleich um einen Totempfahl zu tanzen. Das Beste an diesen Zelten ist, dass man in ihnen aufrecht stehen und umhergehen kann. In ganz großen Exemplaren kann in der Mitte sogar ein Feuer angezündet werden ... dann fühlt man sich wie in einem Abenteuerfilm. In manchen Wildparks stehen solche großen Wigwams für die Besucher bereit. Dieses kleinere Zelt für Kinder ist im Handumdrehen aufgestellt, und es lässt sich ebenso schnell an einen anderen Platz rücken. Kinder lieben es, hinein und heraus zu laufen oder sich stundenlang hinter den zugeklappten Eingang zurückzuziehen und sich ihre eigene Abenteuerwelt auszudenken. Meine Kinder konnten sich früher sogar mit einem großen Pappkarton wunderbar amüsieren ...

Gegenüber So ein Tipi kann, wenn es nicht zu groß ist, drinnen oder draußen aufgestellt werden. Da wünscht man sich, wieder Kind zu sein und einen ganzen Tag in dieser Fantasiewelt spielen zu dürfen.

Oben und links Unser Zelt ist mit einer gehäkelten Wimpelkette verziert. Kleine Leckereien sind in den Beuteln in sicherer Höhe verstaut.

FREUNDE, DIE ZUSAMMEN SPIELEN, HALTEN AUCH ZUSAMMEN. UND NATÜRLICH BE-KOMMT MAN BEIM SPIELEN AUCH HUNGER UND DURST ...

Links und gegenüber Masken und andere Requisiten gehören dazu. Man braucht ja nur eine Maske aufzuset-zen oder abzunehmen, um sich in jemand anderen zu verwandeln ...

KOCH-SESSION

Viele von uns haben einen so engen Terminplan, dass oft die Zeit fehlt, um sich zu treffen. Und wenn wir uns sehen, dann meist zum Essen und auf einen Drink oder zwei. Verstehen Sie mich nicht falsch, das gefällt mir. Aber noch schöner finde ich es, etwas gemeinsam zu tun: spazieren gehen, kochen, backen, spielen, Sport treiben. Gemeinschaftsaktionen sind im Kommen, und ich möchte die Idee weitergeben.

Laden Sie Freunde ein, um gemeinsam Eintopf oder Gulasch zu kochen – oder was immer Sie mögen. Alle schnippeln, kochen, schwatzen und lachen, und zum Schluss kann jeder noch eine Portion zum Einfrieren mitnehmen. Fänden Sie es nicht herrlich, ein leckeres Essen für vier Personen von einer Freundin zu bekommen, in den Tiefkühler zu packen und herauszuholen, wenn die Zeit zum Kochen fehlt?

Gegenüber und nächste Seiten Laden Sie Freunde ein, und bitten Sie darum, dass jeder etwas mitbringt: Gläser, Aufkleber, Lackmalstifte und Zutaten für das, was gekocht werden soll – vielleicht Marmelade, Sirup oder Chutney. Arbeiten Sie bei gutem Wetter draußen. Das Entsteinen und Zerkleinern von Obst ist viel unkomplizierter, wenn man sich um Flecken keine Sorgen machen muss. Nach dem Kochen und Abfüllen können Sie die Gläser noch verzieren. Und am Ende des Tages wird das Eingemachte unter allen aufgeteilt, die mitgeholfen haben.

PFLAUMENCHUTNEY MIT ZIMT

Ein Rezept für den eigenen Vorratsschrank und zum Verschenken

Sie brauchen
* 1 kg Pflaumen, halbiert und entsteint
* 5 Zimtstangen
* 4 Zwiebeln, grob gewürfelt
* 200 ml Essig
* 300 g Zucker
* 1 EL Speisestärke
* 1 EL Wasser

So wird es gemacht
Die Hälfte der Pflaumen grob hacken und zur Seite stellen. Die Zimtstangen in einem Schmortopf ohne Fett bei niedriger Temperatur einige Minuten rösten. Zwiebeln, Essig, Zucker und die Pflaumenhälften zugeben und 30 Minuten köcheln lassen, bis die Pflaumen gar sind. Die Speisestärke mit dem Wasser anrühren und unter ständigem Rühren mit dem Chutney mischen. Zum Kochen bringen, die gehackten Pflaumen zufügen und weitere 10 Minuten köcheln lassen. Sofort in sterilisierte Gläser füllen und fest verschließen. Kühl lagern.

GEMEINSAMES BASTELN KANN ETWAS MEDITATIVES HABEN. DIE KONZENTRATION AUF DAS PROJEKT VERÄNDERT DAS BEISAMMENSEIN, MANCHMAL REDET MAN, UND MANCHMAL SIND ALLE GANZ STILL.

Oben Für einen Bastelnachmittag, an dem Kinder und Erwachsene ihre Freude haben, braucht man nicht viel. Malen Sie Gesichter auf Kastanien oder fädeln Sie sie auf Draht, den Sie zum Kranz biegen und an die Haustür hängen.

Gegenüber Dieses witzige Pärchen würde ich jederzeit zum Abendessen einladen. Vielleicht wird danach sogar ein bisschen getanzt. Aber zuerst muss für die Jäger und Sammler ein Herbstspaziergang anberaumt werden.

HERBSTVERGNÜGEN

Auch wenn der Sommer vorüber ist, kann man draußen noch viel Spaß haben. Es gibt keinen Grund, die Freiluftsaison zu beenden, nur weil es etwas kühler wird. Ziehen Sie los, um Kastanien, Eicheln und viele schöne Blätter zu sammeln. Und nach dem ausgedehnten Spaziergang setzen Sie sich mit der Beute des Tages zu einem vergnügten Bastelnachmittag zusammen. Kindern macht es Spaß, Tiere und Menschen mit Streichholzbeinen und Eichelhüten zu basteln oder mit Stiften Gesichter auf Kastanien zu malen. Ganze Welten lassen sich mit diesen witzigen Figuren bevölkern.

Sie können Eicheln auch in Leim und Flitter tunken und als Weihnachtsdekoration verwenden. Wenn Sie Esskastanien gefunden haben, rösten Sie sie im Ofen. Mit etwas Butter und Salz schmecken sie himmlisch.

Gegenüber Die Zutaten für eine herbstliche Girlande. Mir gefallen die gedämpften Farben und die kräftigeren Grün- und Orangetöne der Blätter und der Wollpompons.

Rechts Fundstücke aus der Natur zaubern Herbststimmung auf die Fensterbank. Basteln Sie Girlanden mit herbstlichen Motiven oder binden Sie einfach ein schönes Blatt mit Bast an einer Glasflasche fest.

ÜBEN SIE SICH IN DER KUNST, DEN MOMENT ZU LEBEN UND DIE AKTUELLE JAHRESZEIT ZU GENIESSEN. AUCH HERBSTTAGE HABEN EINE MENGE SCHÖNES ZU BIETEN.

OUTDOOR-
AKTIVITÄTEN

*Es gibt viele Möglichkeiten, beim **Spielen** in Schwung zu kommen. Ball- und Ringspiele machen Spaß und stärken den Teamgeist. Außerdem ist Bewegung für Menschen aller Altersgruppen **gesund**. Ich hätte nie gedacht, dass ich mich für einen Sandsack und **Boxhandschuhe** begeistern könnte – aber sie sind perfekt, um den Puls auf Touren zu bringen und Frust abzulassen. Dann fühle ich mich wie Muhammad Ali und vergesse alles um mich herum. Für einen **Trimm-***

IN WETTERFESTEN METALLREGALEN
SIND SPIELUTENSILIEN FÜR GROSS
UND KLEIN IMMER GRIFFBEREIT.

dich-Pfad *im Garten genügen ein paar Kugelhanteln (prima für den Muskelaufbau) und ein* **Springseil** *fürs Ausdauertraining. Beim Hüpfen fühlt man sich wie damals auf dem Schulhof. Ein Sandsack kostet etwas mehr. Sogar mit einem alten Traktorreifen können Sie auf kleinem Raum viele Muskeln aktivieren. Ich habe unseren natürlich in hübschem* **Rosa** *gestrichen … Wenn Sie mit* **Freunden** *gemeinsam trainieren wollen, könnten Sie einen Personal Trainer engagieren, der Sie auf den richtigen Weg bringt.*

MEINE LEIDENSCHAFT FÜRS BOXEN HABE ICH ERST KÜRZLICH ENTDECKT – UND WAR SELBST ÜBERRASCHT. PROBIEREN SIE ES AUS! ES MACHT FIT UND MAN KANN DABEI WUNDERBAR STRESS UND AGGRESSIONEN ABBAUEN.

EIN BOXKAMPF IM GARTEN MACHT FAST SO VIEL SPASS WIE EIN TANZ.

ZUM MITNEHMEN

Ausflüge mit dem Auto finde ich wunderbar, selbst wenn sie nicht lange dauern. Natürlich ist es großartig, wenn man sich ein halbes Jahr Zeit für eine Tour quer durch Amerika nehmen kann, aber auch in geringerer Entfernung kann man Abenteuer erleben. Packen Sie einfach Ihre Sachen und fahren Sie los. Das Gefühl von Freiheit stellt sich auch schon ein, wenn man nur für eine Nacht oder übers Wochenende mit dem Wohnwagen ans Meer fährt. Genießen Sie die kleinen Dinge: zählen Sie Schmetterlinge oder schauen Sie den Wolken nach …

Vorige Seiten Wer ein Zuhause auf Rädern hat, ist frei wie ein Vogel und hat doch sein eigenes Bett immer dabei. Das vereint für mich das Beste aus zwei Welten.

Gegenüber Überlegen Sie genau, ob Sie alle Möglichkeiten Ihres Wohnwagens ausgenutzt haben. Sie könnten an der Tür zum Beispiel kleine Regale montieren.

WOHNWAGENGLÜCK

Es liegt eine herrliche Freiheit darin, sich die Autoschlüssel zu schnappen und einfach loszufahren, und sei es nur für eine Nacht. Ein Wohnwagen ist ein kleines Zuhause auf Rädern. Ich bin ein großer Fan der dänischen Schriftstellerin Tania Blixen (1885–1962). Sie hatte einen ausgeprägten Sinn für Schönheit und jahrelang ein abenteuerliches Leben in Afrika geführt. Wenn ich den Film »Jenseits von Afrika« sehe, der von ihrer Zeit in Kenia handelt, möchte ich am liebsten ins Szenenbild springen und

Links und oben Eine beinahe moderne Version von Tania Blixens »Jenseits von Afrika« ... fehlt nur noch Denys Finch Hatton.

Unten Mit hübschem Geschirr und bunten Kissen wird es auch im Wohnwagen wunderbar gemütlich.

dabei sein. Selbst auf Safaris in Afrika verlor sie nie ihr Stilgefühl aus den Augen. Wenn wir Campen fahren, denke ich immer an sie und versuche selbst, uns die Umgebung schön zu gestalten. Allerdings ohne Löwen …

Wohnen auf engem Raum heißt nicht, beim Stil Kompromisse zu machen. Packen Sie Ihr Lieblingsgeschirr, die besten Kissen, weiche Quilts und bequeme Gartenstühle ein. Mit ein paar originellen Stauraumlösungen lässt sich im Wohnwagen eine Menge unterbringen, und es herrscht immer Ordnung. Wir verbringen die kompletten Sommerferien im Wohnwagen, und die ganze Familie genießt es.

EINE GUTE
TASSE TEE, EIN
SOMMERKLEID,
MITREISSENDE
MUSIK ... IMMER
HER DAMIT!

Rechts Sie brauchen nur
ein paar Requisiten, und
die Welt steht Ihnen offen.

Wer so ein außergewöhnliches Wohnmobil besitzt, wird unterwegs oft Menschen begegnen, die lächeln und winken. Dieses Wohnmobil ist sozusagen mein Ehering. Als es zum Kauf angeboten wurde, habe ich meinen Mann bekniet, lieber dafür als für ein Schmuckstück Geld auszugeben. Seitdem haben wir mit der ganzen Familie viele wunderbare Wochenenden und Sommerferien darin verbracht. Es ist erstaunlich, wie viel sich in so einem Fahrzeug unterbringen lässt, wenn man den Stauraum geschickt organisiert. Als unsere Kinder klein waren, sind wir auf einen Campingplatz gefahren, der nur vier Kilometer von unserem Haus entfernt war. Fragt man sie heute nach ihren schönsten Ferien, erzählen sie immer vom Campen – und dabei sind sie schon weit in der Welt herumgekommen und haben faszinierende Orte gesehen. Das erzähle ich nur, um zu verdeutlichen, dass tolle Abenteuer nichts mit

Rechts Unser himmelblauer Kühlschrank leistet gute Dienste. Eine bunte Lichterkette verbreitet auf Reisen in den Abendstunden fröhliche Stimmung.

Gegenüber und unten Heute am See, morgen im Wald, und übermorgen vielleicht in den Bergen? So viel Entscheidungsfreiheit ist unbezahlbar.

Gegenüber Packen Sie unbedingt genug Spielzeug für die Kinder ein. Aufblasbare Schwimmringe und Federballschläger brauchen wenig Platz, sorgen aber für stundenlangen Spielspaß.

Rechts Wenn der Hintergrund neutral ist, brauchen Sie nur ein paar Decken auszutauschen, um die Atmosphäre des Innenraums vollkommen zu verändern. Kunterbunt oder eher gedämpft, ganz wie Sie es mögen.

WAS UNTERWEGS GEBRAUCHT WIRD, KANN IN GROSSEN KÖRBEN UNTER DEM BETT VERSTAUT WERDEN.

Unten Eine gute Thermoskanne mit heißem Tee und ein paar Kekse – und ein neuer Tag im Paradies kann beginnen.

großen Entfernungen oder exotischen Reisezielen zu tun haben. Ein Wohnmobil ist wirklich ein Zuhause zum Mitnehmen. Außer den echten Notwendigkeiten können Sie auch alle Lieblingsstücke einpacken, auf die Sie nicht verzichten mögen. Wichtig ist nur, viele Aufbewahrungslösungen zu finden, damit im Wohnmobil Ordnung herrscht. Wenn Sie Station machen, sollten Sie die örtlichen Bestimmungen kennen. Nicht in allen Ländern ist es erlaubt, außerhalb von Campingplätzen zu übernachten. Und wenn es gestattet ist, hinterlassen Sie nichts außer Ihren Fußspuren. Nehmen Sie Abfälle und alles andere mit.

GESCHIRRTUCH-GARDINE

*Eine Gardine nach meinem Geschmack:
aus einem Geschirrtuch und ein paar
Klammern.*

Sie brauchen
* Schnur und Haken
* Wäscheklammern
* ein Geschirrtuch

So wird es gemacht
Die Schnur zwischen zwei Haken
spannen und das Geschirrtuch
einfach mit den Wäscheklammern
daran befestigen.

GESCHIRR FÜR UNTERWEGS

Als wir in Paris wohnten, hatten wir weder Terrasse noch Garten, also wurde in den Parks der Umgebung gepicknickt. Damals hatte ich noch kein Melamingeschirr und schleppte meine schönen Teller von Tricia Guild herum. Sie sahen toll aus, aber ich hatte immer Angst vor Scherben. Jetzt habe ich jede Menge Geschirr für unterwegs – unzerbrechlich, leicht und farbenfroh. Ich benutze es täglich, im Haus und draußen, und ich freue mich immer, wenn ich es anschaue. Fragen Sie nicht nach meinem Lieblingsstück ... ich mag jedes Einzelne gern.

ICH FINDE ES INSPIRIEREND, DIE FARBEN IN
IMMER NEUEN KOMBINATIONEN ZU STAPELN.

Kontakt:

 rice_up

 ricedk
charlotte_rice

Weltweit gibt es zahlreiche Händler, die Produkte von RICE anbieten; sie alle hier zu nennen würde den Rahmen dieses Buches sprengen. Darum ist hier nur eine Auswahl von Adressen abgedruckt. Über die Suchfunktion auf der Website sind alle Händler weltweit leicht zu finden.

AUSTRALIEN

Corner Store
147 South Terrace
Fremantle WA 6160
Tel.: +61 893 36 30 05
www.cornerstore.net.au

Corner Store
2012205 Stirling Highway
Claremont WA 6010
Tel.: +61 92 86 22 80
www.cornerstore.net.au

Corner Store
25 Market Street
Fremantle WA 6160
Tel.: +61 93 36 30 10
www.cornerstore.net.au

Corner Store
649F Beaufort Street
Mount Lawley 6050
Tel.: +61 8928 12
www.cornerstore.net.au

Lark Store
30 Armstrong Street North
Ballarat VIC 3350
Tel.: +61 46 40 29
www.larkstore.com.au

DÄNEMARK

Continental
St. Sct. Peder Stræde 5
8800 Viborg
Tel.: +45 86 61 43 24

Forvandlingskuglen
Skånegade 7
2300 København S
Tel.: +45 36 30 66 66

Hesselholt
Hulsigvej 19
9990 Skagen
Tel.: +45 98 44 64 42
www.galleri-hesselholt.dk

Invi2
Strandvejen 456
6854 Henne Strand
Tel.: +45 75 25 50 60
www.invi2.dk

Lirum Larum Leg
Engholmvej 16
3100 Hornbæk
Tel.: +45 70 26 98 90
www.lirumlarumleg.dk

Mandrup Poulsen Tapeter
Rantzausgade 1B
9000 Ålborg
Tel.: +45 96 25 85 05

PANG Christianshavn
Sankt Annæ gade 31
1416 København K
Tel.: +45 32 96 68 00
www.pangchristianshavn.dk

Pure Style Living
www.purestyleliving.dk

Rum9
Storegade 19
4780 Stege
Tel.: +45 40 96 86 32
www.rum9.dk

DEUTSCHLAND

Blaue Lilie
Salzstraße 37/39
79098 Freiburg
Te.: 0761 88 85 48 54

Carl Abt
Münsterplatz 7
89073 Ulm
Tel.: 0731 16 32 40
www.abtshop.de

Danish Homestyle
An der Reitbahn 3
21218 Seevetal
Tel.: 04105 55 60 55
www.danish-homestyle.de

Das Tropenhaus
www.das-tropenhaus.de

Emil und Paula
www.emilundpaula.de

East Hampton Living
www.easthampton.de

Eat More Cake
Westfleth 13
21614 Buxtehude
Tel.: 04161 780 97 47
www.eatmorecake.de

Exil Wohnmagazin
Köpenicker Straße 18–20
10997 Berlin
Tel.: 030 21 73 61 90
www.exil-wohnmagazin.de

Format Essen
Rüttenscheider Straße 137
45130 Essen
Tel.: 0201 87 42 36 27

Geliebtes Zuhause
www.geliebtes-zuhause.de

Grüner Krebs
Erbprinzenstraße 21
76133 Karlsruhe
Tel.: 0721 255 42
www.gruenerkrebs.de

Himmelblau
Nymphenburger Straße 179
80634 München
Tel.: 089 16 23 08

Holgersons
Sofienstraße 19
69115 Heidelberg
Tel.: 06221 650 61 44
www.holgersons.de

Kontrast GmbH
Hanauer Landstraße 297
60314 Frankfurt am Main
Tel.: 069 904 39 30
www.kontrastmoebel.de

Korbmayer
Schulstraße 2
70173 Stuttgart
Tel.: 0711 229 81 10
www.korbmayer.de

Lilli's
Tumringerstraße 221
79539 Lörrach
Tel.: 07621 422 25 99
www.lilli-s.de

LiLu
Kirchbrunnenstraße 18
74072 Heilbronn
Tel.: 0172 894 12 01
www.lilu-shop.de

Living Colour
Hohenzollernstraße 39
80801 München
Tel.: 089 39 56 61
www.living-colour.net

Lorey
Schillerstraße 16
60313 Frankfurt am Main
Tel.: 069 299 95 42
www.lorey.de

M36
Mühlgasse 36
04552 Borna bei Leipzig
Tel.: 03433 20 85 25

Mademoiselle Pamplemousse
Fischbrunnenstraße 8
73728 Esslingen
Tel.: 0711 933 979 18
www.ladecodesign.com

Magasin am Schlossplatz
An den Quellen 1
65183 Wiesbaden
Tel.: 0611 37 02 19

Max Leben
Untermarkt 17
82515 Wolfratshausen
Tel.: 08171 48 10 48
www.max-leben.de

Michaelsen Scandinavian Living
Hüxstraße 62
23552 Lübeck
Tel.: 0451 88 99 80 20
www.michaelsen-living.de

Mohren-Haus
Obere Brücke 14
96047 Bamberg
Tel.: 0951 98 03 80
www.mohren-haus.de

Nostalgie im Kinderzimmer
www.nostalgieimkinderzimmer.de

Riva
Limmerstraße 23
30451 Hannover
Tel.: 0511 44 79 74
www.rivashop.de

Siller & Laar
Philippine-Welser-Straße 30
86150 Augsburg
Tel.: 0821 502 81 15
www.siller-laar.de

Sylter Wohnlust
Silwai 5
25980 Sylt
Tel.: 04651 983 80
www.sylter-wohnlust.de

Takatomo
www.takatomo.de

Tisch für 2
Lindenstraße 7
14467 Potsdam
Tel.: 0331 2436 45 18
www.tischfuerzwei.de

YaaYaa
Saarstraße 3
66111 Saarbrücken
Tel.: 0681 95 81 29 58
www.yaayaa.de

Zeitlos Wohnelemente
Ottenser Hauptstraße 45
22765 Hamburg
Tel.: 040 39 90 94 24
www.zeitloswohnelemente.de

FRANKREICH

Loulou Addict
25, rue Keller
75011 Paris
Tel.: +33 01 49 29 00 61
www.loulouaddict.com

Le Panier D'Eglantine
6, Grande rue
54000 Nancy
Tel.: +33 3 83 20 61 47
www.lepanierdeglantine.com

Trait d'union
22, place Portalis
83270 Saint Cyr sur mer
Tel.: +33 4 94 26 24 78

Zazou
4, rue du Colonel Picot
29200 Brest
Tel.: +33 2 98 46 21 90
www.zazou-boutique.fr

GROSSBRITANNIEN

Burford Garden Center
Shilton Road
Burford OX18 4PA
Tel.: +44 1993 82 31 17
www.burford.co.uk

Cherryade
180 Bridport Road
Poundbury
Dorchester DT1 3BN
Tel.: +44 1305 26 64 00
www.cherryadestore.co.uk

Fig 1
51 St Lukes Road
Bristol BS3 4RX
Tel.: +44 1173 30 81 67
www.fig1.co.uk

Fuego
5A Coombe Street
Lyme Regis
Dorset DT7 3PY
Tel.: +44 1297 44 39 33
www.fuegoshop.co.uk

Gazebo
74 High Street
Totnes TQ9 5SN
Tel.: +44 1803 86 36 79
www.whatalovelyshop.co.uk

Indian Summer
624c Fulham Road
Parsons Green
London SW6 5RS
Tel.: +44 2079 37 46 86
www.indiansummershop.com

Oliver Bonas
129 Kensington High Street
London W8 6SU
Tel.: +44 2077 31 82 34
www.oliverbonas.com

The Orchid House
15, Lake Road
Keswick CA12 5BS
Tel.: +44 1768 77 28 75
www.theorchidhouse.net

Sisters Guild
32 Catherine Hill
Frome, Somerset BA11 1BZ
Tel.: +44 1373 47 19 88
www.sistersguild.co.uk

The Whiting Post
The Clothes House
58 Harbour Street
Whitstable
Kent CT5 1AG
Tel.: +44 1227 77 21 92
www.thewhitingpost.com

ISRAEL

SOFI
3 Nakhman st. Shuk
Pishpeshim
68138 Tel Aviv
Tel.: +972 35 16 20 77

ITALIEN

Dulcamara
Via Mayer, 54/56
57125 Livorno (LI)
Tel.: +39 0586 89 16 07

Gallina Smilza
Via S. Stefano, 14 d
40125 Bologna
Tel.: +39 0515 87 06 40
www.gallinasmilza.it

Mack
Via Ugo Foscolo, 61
30017 Jesolo (VE)
Tel.: +39 0421 37 52 19

Mezzanotte Co. Ltd
Viale Premuda, 13
20129 Milano
Tel.: +39 0236 58 62 88
www.mezzanottestore.it

NIEDERLANDE

Heerlijck Thuis
Grote Kerk Straat 7
5911 CG Venlo
Tel.: +31 77 3 51 30 08
www.heerlijckthuis.nl

Lant van Texsel
Waalderstraat 23
1791 EB Den Burg
Tel.: +31 222 32 20 31
www.winkeloptexel.nl

Nijhof
Minervaweg 3
3741 GR Baarn
Tel.: +31 35 548 61 92
www.nijhofbaarn.nl

Zinin
Burg. Reigerstraat 11
3581 KJ Utrecht
Tel.: +31 302 51 81 78
www.zininshop.nl

NORWEGEN

Britts Boutique
Heiloveien 4
9015 Tromsø
Tel.: +47 77 60 71 95
www.britts.no

Frk. Fryd
Storveien 84
1624 Gressvik
Tel.: +47 90 20 20 03

Grønn
Lilleakerveien 31
0283 Oslo
Tel.: +47 22 51 97 00

Hakallegarden
Hakallestranda
6149 Åram
Tel.: +47 700 15 88
www.alpakka.no

Rafens
Grensen 16
0159 Oslo
Tel.: +47 91 74 54 15
www.rafens.no

Ting Bergen
Bryggen 13
5003 Bergen
Tel.: +47 55 21 54 80
www.tingbutikken.no

Ting Oslo
Akersgata 18
0158 Oslo
Tel.: +47 22 42 42 42
www.tingbutikken.no

Traktøren Bogstadveien
Bogstadveien 25
0355 Oslo
Tel.: +47 22 60 08 08

ÖSTERREICH

Blumen Thell
Obere Hauptstraße 39
7121 Weiden am See
Tel.: +43 216 74 01 58
www.blumenthell.at

Das bunte Zimmer
Hauptstraße 55
2325 Himberg
Tel.: +43 2235 879 60
www.dasbuntezimmer.at

Die Liebelei
Göglstraße 4
3500 Krems
Tel.: +43 676 576 62 91
www.dieliebelei.at

Ediths
Hauptstraße 21a
6840 Götzis
Tel.: +43 552 35 67 77
www.ediths.at

Fuchs
Hietzinger Hauptstraße 22
1130 Wien
Tel.: +43 1 876 46 81
www.die-fuechse.at

SCHWEDEN

Artiklar
Fleminggatan 65
112 32 Stockholm
Tel.: +46 8 652 93 35
www.artiklarsthlm.se

Boink
www.boinkstore.com

Inreda
www.inreda.com

Milq
Gamla Brogatan 26
Stockholm
Tel.: +46 8 411 32 50
www.milq.se

R.O.O.M Stockholm
Täby Centrum
106 37 Stockholm
Tel.: +46 86 92 50 00

Slättarps Gård
Rågv.9 23193
Trelleborg
Tel.: +46 733 83 59 95

Style4 Solutions AB
Verkstadsg. 3
59933 Ödeshög
Tel.: +46 730 27 90 49

Syster Lycklig
Tegnergatan 12
113 58
Stockholm
Tel.: +46 8 612 65 64
www.systerlycklig.se

Udda Tina
www.uddatina.se

SCHWEIZ

Además
Garnmarkt 1
8400 Winterthur
Tel.: +41 522 12 24 23
www.ademas.ch

Ars Longa
Bahnhofplatz 3
8001 Zurich
Tel.: +41 44 211 22 02
www.arslonga.ch

Carré
Obere Hauptgasse 25
3600 Thun
Tel.: +41 33 221 02 72
www.carre-schmuck.ch

Lieblings
Vordergasse 47
8200 Schaffhausen
Tel: +41 52 620 12 57
www.lieblings.ch

Little company
www.littlecompany.ch

The Home Shop
Rain 14
5000 Aarau
Tel: +41 628 23 49 46
www.thehomeshop.ch

Spätis Boutique
Spisergasse 20
9000 St. Gallen
Tel.: +41 71 222 01 14

Variantikum
Baarerstrasse 23
6300 Zug
Tel.: +41 41 710 22 38

Werkeria
Bahnhofstrasse 20
7000 Chur
Tel: +41 812 50 40 45
www.werkeria.ch

Yamatuti
Aarbergergasse 16/18
3011 Bern
Tel.: +41 313 18 26 56
www.yamatuti.ch

SPANIEN

Suit Beibi
Benet Mateu, 52
08034 Barcelona
Tel.: +34 932 05 72 60
www.suitbeibi.com

USA

Go Living
1160 Industrial Road, Suite 16
San Carlos
CA 94070
Tel.: +1 6507 16 60 10
www.goliving.us.com

Huset
1316 1/2 Abbot Kinney Blvd
Venice, Malibu
CA 90291
Tel.: +1 31 04 59 55 24
www.huset-shop.com

Originals
261 Sound Beach Avenue
Old Greenwich
CT 06870
Tel.: +1 20 34 61 22 90

DANK

Dies ist mein zweites Wohnbuch und insgesamt mein fünftes Buch: ich habe schon drei Kochbücher auf Dänisch veröffentlicht. Es macht mir großen Spaß, Bücher zu schreiben ...

Als wir im vorigen Sommer über die Produktion dieses Buchs diskutierten, hatte ich eigentlich gar keine Zeit und Energie für so ein Projekt. Dass es trotzdem gelang, ist einigen Menschen zu verdanken, die mir viel bedeuten.

Allen voran muss ich Dagmar Haustrup für die Aufforderung danken, meine Antwort »Leider nicht möglich« noch einmal zu überdenken. Du hattest recht – es war möglich!

Dank an Fiona Hedigan für das Mantra KREATIVITÄT ist wichtiger als CHAOS. Es hat mich gerettet und tut es noch heute.

Dank an Morten Tillitz, der mich gesund hielt, beim Sport immer antrieb und mich auf die Idee für das Kapitel über gemeinsames Spielen brachte.

An Ane Bilde für die praktische und kreative Umsetzung der meisten Projekte zum Selbermachen. Du bist die Beste!

An Louise Fechtenborg, die einsprang und von null auf hundert beschleunigte. An Nikoline Helveg, die dasselbe tat und genau zur richtigen Zeit half.

Eine der wichtigsten Personen ist Thomas Lukasiewicz. Er versteht es, Dinge in Bewegung zu bringen und meine verrückten Ideen besser umzusetzen, als ich es mir vorgestellt hatte. Ein ganz großes Danke!

An Stine von Skovdal&Skovdal, die coolste Fotografin (sogar an heißen Hochsommertagen). An Skovdal&Skovdal für das wunderbare »Erbsenpicknick«.

An Mitzi Nielsen, die jedes Wort mit Adleraugen geprüft hat.

An die freundlichen Familien, die mir Zutritt zu ihren Häusern und Gärten gewährten: Birgitte Bøegh Sørensen, Susanne Borgaard, Tina Hansen, Inge Fjord, Lisser Nygaard, Jane Wulff, Ane Bilde, Signe Wenneberg und Emil.

Dank an Brian Djernes und Louise Andresen für die Lieferung großartiger Gartenmöbel von Cane-Line und Sika-Horsnaes.

An Cathy und die wunderbare Familie Le Gallic für die Hilfe beim Styling und das gute Aussehen an heißen Sommertagen und -abenden – und für den fantastischen Teamgeist.

Vielen Dank an meine tollen Kinder Max und Selma und ihre Freunde, die als Models mitgewirkt haben.

An die Wettergötter, die so gut mitgespielt haben.

An Skodsborg Kurhotel für die schöne Unterkunft während der Schreibphase.

An Will Taylor für das Vorwort. Schon bevor ich dich kennengelernt habe, war ich in dich verliebt – wegen deines Slogans »Beige ist langweilig«. Gemeinsam tun wir, was wir können, um die Welt ein bisschen bunter zu machen.

An Sian Parkhouse für das hervorragende Lektorat, und dafür, dass sie immer fest mit beiden Füßen auf dem Boden stand (sogar mit einem gebrochenen Knöchel).

Zuletzt ein lieber Dank an meine Familie und vor allem an Philippe, meinen Felsen.

Ich hoffe sehr, dass ich niemanden vergessen habe. Falls das doch passiert ist, fühle dich bitte in diese Danksagung eingeschlossen. Und schrei mich bei der nächsten Begegnung gern an ...

Es hat Spaß gemacht.
Charlotte
xoxo

Bildnachweis
Alle Fotos von Skovdal & Skovdal (Stine Christensen www.skovdal.dk) mit Ausnahme der folgenden:
Fotos auf Seite 7, 9, 46, 47, 150, 151 und 184: RICE image bank
Fotos auf Seite 166, 167, 168, 169: Ane Kirstine Bilde, Styling und Idee / Uffe Bilde, Fotos / www.alongcameaggie.dk